PSICOPATOLOGIA E PSICODINÂMICA NA ANÁLISE PSICODRAMÁTICA

VOLUME IV

Dados Internacionais de Catalogação na Publicação (CIP)
(Câmara Brasileira do Livro, SP, Brasil)

Dias, Victor R. C. S.
　　Psicopatologia e psicodinâmica na análise psicodramática : volume
IV / Victor R. C. S. Dias. — São Paulo: Ágora, 2012.

　　Vários colaboradores
　　Bibliografia.
　　ISBN 978-85-7183-097-4

　　1. Psicodrama 2. Psicopatologia 3. Psicoterapia psicodinâmica
4. Psiquiatria I. Títulos.

12-04481   CDD-150.198

Índice para catálogo sistemático:

1. Análise psicodramática : Psicopatologia e psicodinâmica :
　　　　Psicologia　　　150.198

Compre em lugar de fotocopiar.
Cada real que você dá por um livro recompensa seus autores
e os convida a produzir mais sobre o tema;
incentiva seus editores a encomendar, traduzir e publicar
outras obras sobre o assunto;
e paga aos livreiros por estocar e levar até você livros
para a sua informação e o seu entretenimento.
Cada real que você dá pela fotocópia não-autorizada de um livro
financia o crime
e ajuda a matar a produção intelectual de seu país.

VICTOR R. C. S. DIAS
E COLABORADORES

PSICOPATOLOGIA E PSICODINÂMICA
NA ANÁLISE PSICODRAMÁTICA

VOLUME IV

PSICOPATOLOGIA E PSICODINÂMICA
NA ANÁLISE PSICODRAMÁTICA
Volume IV
Copyright © 2012 by autores
Direitos desta edição reservados por Summus Editorial

Editora executiva: **Soraia Bini Cury**
Editora assistente: **Salete Del Guerra**
Capa e projeto gráfico: **Daniel Rampazzo / Casa de Ideias**
Diagramação: **Casa de Ideias**
Impressão: **Sumago Gráfica Editorial**

Editora Ágora
Departamento editorial
Rua Itapicuru, 613 – 7º andar
05006-000 – São Paulo – SP
Fone: (11) 3872-3322
Fax: (11) 3872-7476
http://www.editoraagora.com.br
e-mail: agora@editoraagora.com.br

Atendimento ao consumidor
Summus Editorial
Fone: (11) 3865-9890

Vendas por atacado
Fone: (11) 3873-8638
Fax: (11) 3873-7085
e-mail: vendas@summus.com.br

Impresso no Brasil

Sumário

Apresentação, 7

1. A medicação no processo de psicoterapia, 11
   Victor R. C. S. Dias

2. Manejos, procedimentos e condutas na análise
   psicodramática, 29
   Victor R. C. S. Dias

3. As defesas de evitação na análise psicodramática, 75
   Flavia Jardim Rodrigues

4. Os desvios sexuais no enfoque da análise
   psicodramática, 93
   Waldemar Mendes de Oliveira Júnior

5. As doenças autoimunes na análise psicodramática, 133
   Virgínia de Araújo Silva

6. Psicoterapia de casal, 149
Mai Ferreira Magacho

7. A psicoterapia com adolescentes na análise psicodramática, 181
Regina Maura Beni

8. Análise psicodramática – Consolidando uma identidade própria, 207
Virgínia de Araújo Silva

9. Os conceitos da análise psicodramática e a neurociência, 221
Victor R. C. S. Dias

Apresentação

Caro leitor,

Este quarto volume da coleção *Psicopatologia e Psicodinâmica na Análise Psicodramática* foi escrito por mim e por alguns colaboradores.

No Capítulo 1, abordo o tema das medicações que utilizamos na psicoterapia. Apresento uma metodologia medicamentosa baseada principalmente na necessidade de interiorização ou de exteriorização do cliente em relação ao seu mundo interno. Caracterizo as diferenças entre os procedimentos da psiquiatria clínica – medicar para suprimir os sintomas – e os da psicodinâmica – não suprimir os sintomas, e sim abrandá-los.

No segundo capítulo, resolvi abordar alguns temas de interesse prático imediato relacionados à análise psicodramática, que vão de dicas até conceitos sobre ética e postura do terapeuta.

Flávia sistematiza, no Capítulo 3, o conceito de defesas de evitação – citadas no primeiro volume da série. Aproveito para comunicar duas mudanças na terminologia: por sugestão de Virgínia de Araújo Silva, o termo "defesas conscientes" foi modificado para "defesas de evitação"; por sugestão de Cristiane Aparecida da Silva, o termo "defesa de evitação consciente" passa a ser denominado "defesa de evitação intuitiva". Muito obrigado a ambas.

No quarto capítulo, Waldemar apresenta dois conceitos da análise psicodramática – parceiro possível e parceiro evitado –, com foco nos distúrbios sexuais e nas parafilias da psiquiatria clínica, combatendo o estigma moral que costuma acompanhar tais diagnósticos e permitindo, assim, uma abordagem psicodinâmica no tratamento.

Virgínia, no Capítulo 5, discorre sobre as bases referenciais de um tema a ser ainda desenvolvido pela análise psicodramática: a abordagem das enfermidades psicossomáticas, principalmente das doenças autoimunes. Nesse capítulo, com base no conceito de defesas psicossomáticas, ela descreve as hipóteses da análise psicodramática para uma possível psicodinâmica desse tipo de enfermidade.

No sexto capítulo, com base no referencial da análise psicodramática no diagnóstico estrutural dos casamentos, Mai escreve sobre as psicoterapias de casal e suas variantes, aprofundando o tema e fornecendo exemplos. Deixa bem claro que, no enfoque da análise psicodramática, o cliente é a relação conjugal, e não cada parceiro do casal.

No Capítulo 7, Regina discorre sobre a psicoterapia com adolescentes, dando ênfase à postura do terapeuta diante dos conflitos geradores de angústia circunstancial, patológica e existencial. Aproveita para sistematizar a utilização da técnica da tribuna no atendimento do adolescente e de seus familiares.

No oitavo capítulo, Virgínia relaciona todos os conceitos e procedimentos originais da análise psicodramática e compara alguns deles com equivalentes de outras escolas. Com esse trabalho, conseguimos organizar uma identidade própria da análise psicodramática.

Por fim, no Capítulo 9, relaciono alguns conceitos modernos da neurociência que complementam a teoria da programação cenestésica e o método de decodificação de sonhos da análise psicodramática.

Aproveito a oportunidade para, mais uma vez, agradecer a Karla Regina Chiaradia, minha secretária, pela infinita paciência com que me ajudou na digitação e na configuração destes textos.

Um cordial abraço e votos de boa leitura.

Victor

1. A medicação no processo de psicoterapia

Victor R. C. S. Dias

No livro *Psicopatologia e psicodinâmica na análise psicodramática, volume III*, enfatizamos as diferenças entre a psiquiatria clínica e a psicoterapia psicodinâmica, mais precisamente entre o diagnóstico clínico e o diagnóstico psicodinâmico.

Em decorrência dessas diferenças, as indicações medicamentosas para o cliente de atendimento psiquiátrico e para o cliente que está num processo de psicoterapia são muito distintas. Vale ressaltar que os medicamentos são os mesmos para ambos os casos, mas os critérios, as escolhas e as doses medicamentosas são bem diferentes.

A questão é controversa entre os psiquiatras clínicos e os psicoterapeutas. Na psiquiatria clínica, acredita-se que a medicação psiquiátrica tem poder curativo. Nas escolas psicodinâmicas, nas quais me incluo, não acreditamos em tal poder. Aceitamos que a medicação elimina os sintomas durante certo tempo, dando ao psiquismo condições para tentar se reorganizar em uma nova configuração. Essa reorganização do psiquismo pode ser encarada como uma autoterapia – que, dependendo do caso, pode resultar em cura das causas. Do nosso ponto de vista, a psicoterapia é o principal instrumento de cura, pois atinge diretamente as causas dos conflitos geradores dos sintomas.

A principal diferença é que, na psiquiatria clínica:

- O diagnóstico é sintomático. Assim, os sintomas são muito mais valorizados que as possíveis causas.
- Ao remédio é dada uma função curativa. Por isso, muitas vezes há uma supervalorização do seu uso e de sua eficácia.
- A medicação é ministrada em dosagem compatível com a eliminação dos sintomas.

Já na psicoterapia psicodinâmica:

- O diagnóstico é psicodinâmico. Assim, as causas que geram os sintomas é que são valorizadas, e não os sintomas propriamente ditos.
- Ao remédio é dada uma função auxiliar da psicoterapia, sem poder curativo. Em consequência, não é supervalorizado.
- A medicação é ministrada em dosagem compatível com o abrandamento dos sintomas, e não com sua eliminação. Lembremos que os sintomas representam a porta de acesso para os conflitos de mundo interno causadores dos sintomas. Na medida em que os sintomas são eliminados, o acesso ao conflito causador também fica comprometido.

O principal critério para indicação e dosagem da medicação no processo de psicoterapia é o de não prejudicar, prejudicar o mínimo possível ou até facilitar o contato com os conflitos causadores dos sintomas, que estão localizados no mundo interno do cliente. Podemos simplificar dizendo que o principal critério é permitir, mesmo com a medicação, a abordagem do mundo interno, pois sabemos que muitos medicamentos, em especial os antidepressivos em dose alta, bloqueiam o contato com tal mundo.

Um critério genérico pode ser utilizado para a escolha da medicação durante os processos psicoterápicos:

Neurolépticos – São utilizados quando a angústia patológica ou as defesas do psiquismo impedem que o cliente entre em contato com seus conteúdos de mundo interno. Eles facilitam a interiorização. Utilizamos os neurolépticos nos quadros em que a angústia patológica está comprometendo os processos cognitivos ou quando os sentimentos envolvidos beiram o pânico e o desespero.

Antidepressivos – São utilizados nos casos em que a angústia patológica ou as defesas impossibilitam o cliente de exercer suas atividades cotidianas. Também ajudam a impedir um contato muito brusco ou muito profundo com os conteúdos internos sem a adequada preparação. Chamamos essa indicação de "efeito plataforma", fazendo uma comparação com os degraus de descanso no mergulho – nesse caso, rumo ao mundo interno e à interiorização. Os antidepressivos têm a função de melhorar o pragmatismo e de "jogar o indivíduo para fora", distanciando-o do contato com seu mundo interno. Em doses altas, dificultam o processo de interiorização. Utilizamos os antidepressivos quando há necessidade de melhora aguda no pragmatismo ou de uma interiorização mais controlada dentro da psicodinâmica do cliente. Podemos comparar o efeito psicodinâmico dos antidepressivos com uma "moratória" psíquica: o indivíduo ganha tempo para tentar reorganizar suas defesas.

Tranquilizantes – São utilizados nos casos leves de ansiedade ou angústia, patológica ou circunstancial, nos quais não estejam comprometidos os processos cognitivos. Eles desaceleram os processos mentais e assim facilitam as elaborações e o contato com o mundo interno. Devido a seu efeito rápido, podem ser utilizados como fator de segurança, ajudando o cliente a se sentir mais confortável e no controle de seus picos de angústia.

Hipnóticos – São utilizados principalmente nos casos de insônia ou quando os processos mentais estão muito acelerados e o cliente está prestes a entrar em exaustão mental. Garantem a desaceleração mental e proporcionam algum tempo de descanso.

PRINCIPAIS SITUAÇÕES DE INDICAÇÃO MEDICAMENTOSA DURANTE O PROCESSO PSICOTERÁPICO

Entrevista inicial

Consideramos como entrevista inicial a sessão ou o conjunto de sessões em que há:

- Estabelecimento do contato com o terapeuta e instalação do *clima terapêutico*. Lembremos que o clima terapêutico (aceitação, proteção e continência) é de responsabilidade exclusiva do terapeuta.
- Colheita de informações. Na análise psicodramática, a colheita de informações é feita a fim de ajudar o cliente a "contar sua história" da melhor maneira possível. Ja-

mais utilizamos técnicas de interrogatório e muito menos questionários.

- Início do *processo de ancoragem*. O processo de ancoragem é a ligação da angústia ou dos sintomas com algum dos conflitos causadores dessa angústia ou desses sintomas. Geralmente o cliente se apresenta no início da psicoterapia com uma *angústia flutuante* ou algum tipo de sintoma *depressivo, fóbico, de pânico, de TOC, conversivo, somático* etc. Em qualquer desses casos, o cliente não consegue identificar, de maneira clara, os problemas causadores do conflito e da angústia. Dessa forma, além de ter o sintoma ele se encontra perdido em relação a si mesmo. O processo de ancoragem gera uma sensação de *alívio imediato*, pois, embora continue com os sintomas, o cliente já não se acha tão perdido. Ele passa a ter uma ideia inicial do que pode estar contribuindo para os sintomas.
- Devolutiva. É a fala por meio da qual o terapeuta apresenta seu entendimento dos sintomas relacionados com os possíveis conflitos causadores desses sintomas. A aceitação dessa fala por parte do cliente significa que foi dada uma autorização implícita para o início do trabalho do terapeuta. Essa aceitação representa o fim da entrevista inicial e início do processo psicoterápico.
- Contrato. São as regras mínimas que vão reger a relação profissional entre o terapeuta e o cliente. A apresentação de tais questões é de responsabilidade do terapeuta e diz respeito principalmente a horários e honorários.

A preocupação do cliente, durante a primeira entrevista, é saber se seu problema é ou não grave, se existe algum tipo de tratamento e cura e se o terapeuta saberá tratá-lo. Nessa primeira entrevista, o cliente deseja ter *algum tipo de alívio imediato das suas angústias e preocupações.*

Na entrevista de psiquiatria clínica, esse alívio imediato é dado por um diagnóstico sintomático seguido de uma medicação que é apresentada ao cliente como curativa e resolutiva. Nós, psiquiatras e terapeutas de formação psicodinâmica, sabemos que o diagnóstico sintomático não passa de um rótulo e que o remédio não tem tal poder curativo e resolutivo. Sabemos, também, que essa medicação é apresentada de maneira supervalorizada e ministrada em dosagem alta, suficiente para conseguir a remissão dos sintomas. Dessa forma, entendemos que a entrevista de psiquiatria clínica transmite ao cliente uma visão ilusória de sua problemática.

A necessidade de alívio imediato do cliente, no entanto, continua a existir. Para garantir tal alívio, utilizamos os seguintes procedimentos:

- Iniciamos, desde a primeira entrevista, o *processo de ancoragem, procurando vincular os sintomas e a angústia com algumas de suas possíveis causas.* Esse procedimento mostra que os sintomas e a angústia são gerados por conflitos e motivos psíquicos – ou seja, eles têm causas mais profundas, não sendo simplesmente um conjunto superficial de sintomas.

- Utilizamos, se necessário, algum tipo de medicação, em dosagem suficiente para diminuir a intensidade dos sintomas e da angústia e proporcionar conforto ao cliente. Ressaltamos que o remédio não tem poder curativo, trata-se apenas de um auxiliar do real processo curativo, ou seja, a resolução dos conflitos causadores.

Portanto, para a psiquiatria psicodinâmica, a administração de medicação tem o objetivo de abrandar os sintomas/ angústias, concomitantemente com o processo de ancoragem por meio do qual se mostra que esses sintomas /angústias são resultados de causas psíquicas, e não orgânicas.

Na entrevista inicial, a indicação medicamentosa principal tem como objetivo diminuir a angústia. No caso de angústia e/ou ansiedade branda, utilizamos um tranquilizante. Quando a angústia beira o pânico ou o desespero, ou quando está desorganizando as funções cognitivas, utilizamos uma dose baixa de neurolépticos. Evitamos os antidepressivos nos primeiros contatos, até termos uma melhor leitura das causas.

DEPRESSÃO NEURÓTICA E DEPRESSÃO DE CONSTATAÇÃO

Lembremos que no Capítulo 1 do volume III desta série falamos de depressão neurótica e de depressão de constatação. Recordemos que *a depressão psicodinâmica é um chamado para um "cara a cara" do indivíduo com uma série de conteúdos e conflitos de seu mundo interno.*

Chamamos de depressão neurótica o conjunto de sintomas resultantes do chamado para o "cara a cara" e a resistência inconsciente que o indivíduo manifesta em relação a isso. Esse conjunto de sintomas (humor deprimido, inapetência, desânimo, sonolência etc.) é listado pelos psiquiatras clínicos como um termômetro da gravidade da depressão.

Chamamos de depressão de constatação o resultado do "cara a cara" que o indivíduo faz com seus conteúdos internos antes evitados.

Entendemos que uma dose alta de antidepressivos, em caso de depressão neurótica, melhora os sintomas, mas dificulta sobremaneira o contato do indivíduo com os conteúdos internos (causas) da depressão. Geralmente, optamos por indicar antidepressivos só depois de conseguirmos fazer o *processo de ancoramento*, no qual o cliente entra em contato com alguns dos conteúdos causadores da depressão. Após o ancoramento, se a depressão neurótica for branda, medicamos com tranquilizantes, pois o ancoramento melhora a sintomatologia depressiva. No caso de uma depressão neurótica mais intensa, utilizamos os antidepressivos em doses baixas – o suficiente para diminuir a carga depressiva, mas sem eliminar os sintomas – e trabalhamos psicoterapicamente para estabelecer o "cara a cara" com os conteúdos evitados.

Entendemos que uma alta dose de antidepressivos na depressão neurótica, sem o *processo de ancoramento*, faz que o cliente se volte "para fora", se distancie de seu "mundo interno" e apresente melhora de uma depressão de cujos conteúdos causadores ele não tem a menor ideia. Ou seja, o cliente fica com o rótulo de depressivo e há uma supervalorização do medicamento como curativo.

Nas depressões de constatação, em que o cliente já fez contato com os conteúdos causadores – em outras palavras, já fez seu "cara a cara" –, podemos utilizar os antidepressivos em dose normal, ao mesmo tempo que ajudamos o cliente a elaborar os conteúdos recém-encarados.

Insônias

Dividimos as insônias em três grandes grupos genéricos, de acordo com suas causas:

- *Tensão muscular*. Quando o cliente não consegue dormir por estar muscularmente tenso. Não consegue achar uma posição nem relaxar para dormir. Podem existir muitas causas na origem dessa tensão, tanto de mundo interno como de mundo externo.

- *Agitação mental.* Quando o cliente não consegue dormir por estar com os pensamentos disparados. Ele pode até estar relaxado muscularmente, mas os pensamentos não param. São inúmeras as causas – de pensamentos obsessivos (cineminha, músicas, pensamentos repetidos ou prevalentes etc.) ou depressivos (debates sem fim consigo mesmo) até preocupações reais com o dia a dia.
- *Medo de dormir.* Quando o dormir está associado à sensação de solidão (ficar só no mundo), de morte ou de perder o controle de tudo. Essas situações estão sempre ligadas a um núcleo depressivo que está para aflorar, e o não dormir é um recurso de evitação de contato com tais conteúdos.

As insônias circunstanciais são ligadas a ameaças reais e proporcionais, advindas do mundo externo, e devem ser medicadas com tranquilizantes ou hipnóticos.

As insônias neuróticas estão ligadas à angústia patológica e às dinâmicas conflitadas de mundo interno. Entendemos que essas insônias são processos de evitação que o psiquismo utiliza à revelia da vontade do indivíduo para que os conteúdos internos não sejam acessados.

Em consonância com essa visão, a medicação é utilizada para:

- evitar que o cliente entre em processo de exaustão pelo fato de não dormir;
- facilitar o contato com os conteúdos internos, principalmente os sonhos, para que sejam trabalhados na psicoterapia.

No caso das insônias por tensão, utilizamos tranquilizantes, em especial os que causam mais relaxamento.

Para as insônias de agitação mental, utilizamos hipnóticos ou neurolépticos (de alto poder sedativo) em doses baixas.

Quando se trata de insônia por medo de dormir, utilizamos antidepressivos em doses baixas ou tranquilizantes.

Ansiedade

A ansiedade é um tipo de angústia ligada à sensação de urgência. Comparamos uma pessoa ansiosa com alguém que está correndo na vida. Analisando a questão com certo distanciamento, podemos entender que essa pessoa tem apenas dois motivos para correr: ou está fugindo de algo ou está tentando chegar a algum lugar.

Dessa forma, dividimos os quadros ansiosos em duas psicodinâmicas principais:

Ansiedade de fuga – Nesses casos, a ansiedade está a serviço de evitar o contato com o mundo interno. A pessoa foge de si mesma, foge de encarar determinados conteúdos internos. O mecanismo da ansiedade como fuga não é deliberado, embora na maior parte das vezes o cliente tenha algum tipo de consciência dos motivos da fuga.

Ansiedade de cobrança – Nesses casos, a ansiedade está ligada a algum tipo de cobrança interna (cobrador interno). Tal cobrança pode ser no sentido de alcançar um objetivo ou de estar o tempo todo aprimorando ou fazendo coisas (não poder ficar à toa). É sempre uma cobrança neurótica, e esse cobrador é uma figura de mundo interno (modelo internalizado ou conceito moral adquirido).

O manejo psicoterápico implica esclarecer o que é ansiedade e qual é o tipo da ansiedade do cliente (fuga, cobrança ou ambas). Implica também o trabalho para identificar os conteúdos evitados ou o cobrador em questão.

A medicação com tranquilizantes é utilizada para auxiliar a psicoterapia. Quando a ansiedade beira o desespero ou o pânico, damos preferência à utilização de neurolépticos em doses baixas.

Síndrome do pânico

Entendemos a síndrome do pânico, do ponto de vista psicodinâmico, como um *rompimento mais ou menos intenso do conceito de identidade do indivíduo*. Tal rompimento deixa-o sem "chão psicológico", sem seu "conjunto de crenças". Isso implica a perda de referências e, consequentemente, de confiança em si mesmo. O indivíduo não consegue encontrar, em seu mundo interno, referências confiáveis.

O manejo psicoterápico tem como objetivo reorganizar e desenvolver o conceito de identidade desse indivíduo. Isso implica ajudá-lo a desenvolver novas referências por meio das quais formulará e reformulará seu conjunto de crenças e seu "chão psicológico".

Os tranquilizantes são carregados pelo cliente e tomados nos momentos de pico de angústia. Dessa forma, ele tem uma "arma de defesa" contra as situações de angústia enquanto trabalhamos psicoterapicamente para reorganizar seu conceito de identidade. Nesse caso, o tranquilizante representa uma "função de segurança".

Evitamos antidepressivos em doses altas. Estes, embora propiciem alívio do pânico, "jogam o indivíduo para fora", dificultando o contato com seu mundo interno. Quando o pânico impede o cliente de exercer suas funções habituais (trabalho, lazer, vida social etc.), ministramos o antidepressivo em doses baixas (diminuindo, mas não eliminando os sintomas) junto com tranquilizantes.

Defesas intrapsíquicas

Lembremos que as defesas intrapsíquicas são acionadas, independentemente do controle da vontade do indivíduo, quando existe mobilização de material depositado na 2ª zona de exclusão que não pode entrar em contato com o Eu consciente (POD). A entrada de material da 2ª zona no POD ocasiona uma mudança no conceito de identidade vigente, e o psiquismo se defende disso (defesa intrapsíquica). A mobilização de defesas intrapsíquicas é um sinal de superaquecimento psicológico.

Tal mobilização impede que os conteúdos de 2ª zona (vivências, sentimentos, percepções, pensamentos, intenções etc.) cheguem ao Eu consciente do indivíduo. A angústia patológica resultante do conflito, porém, é claramente sentida.

Em outras palavras, *a defesa intrapsíquica impede o contato com os conteúdos, mas não impede o surgimento da angústia patológica.*

A mobilização de defesas intrapsíquicas, portanto, representa sempre uma situação de superaquecimento do Eu.

O manejo psicoterápico das defesas intrapsíquicas é feito principalmente com a técnica do *espelho que retira*. O objetivo é mobilizar, identificar e integrar o material excluído de 2ª zona no Eu consciente do cliente. Para que esse manejo seja bem-sucedido, é necessário que exista uma cota suficiente de parte sadia capaz de suportar a mudança do conceito de identidade. Quando isso não acontece, o nível de angústia patológica se torna muito alto. Nessas situações, indicamos auxílio medicamentoso concomitantemente ao manejo psicoterápico. Esse auxílio medicamentoso deve ser:

Nas *defesas de ingeridor* (histéricas, conversivas, fóbicas, contrafóbicas e psicopáticas), o que mais utilizamos são neurolépticos em doses baixas – principalmente nos casos de defesas histéricas, que por si sós já favorecem as atuações. Nesses casos, evitamos os antidepressivos, pois eles facilitam o surgimento de atuações histéricas.

Nas *defesas de defecador* (atuações e ideias depressivas), recomendamos uma dose baixa de antidepressivos.

Nas *defesas de urinador* (ideias obsessivas e rituais compulsivos), recomendamos uma dose baixa de antidepressivos e de neurolépticos. Os neurolépticos são indicados em caso de angústia capaz de desorganizar as funções cognitivas.

O uso de antidepressivos nas defesas intrapsíquicas é indicado para controlar o grau de interiorização: *função de plataforma*. Para conseguirmos identificar e integrar o material de 2ª zona no POD do cliente, necessitamos de certo grau de interiorização e da certeza de que tal interiorização não vá desencadear uma situação de pânico e de perda de referências (crise). O efeito plataforma do antidepressivo visa exatamente obter um estado de crise controlada.

Defesas dissociativas

As defesas dissociativas são mecanismos de defesa acionados pelo psiquismo sem o controle consciente do indivíduo e independentemente de sua vontade. Elas são acionadas quando os conteúdos em questão são tão conflitantes que "é melhor" isolar a área de conflito que tentar resolvê-los.

As defesas dissociativas podem ser comparadas com os disjuntores de uma caixa de luz. Quando há curto-circuito em algum cômodo, o disjuntor se desarma e isola um trecho da casa (corta a energia) para proteger a fiação até que o curto-circuito seja resolvido.

Nas defesas dissociativas, a angústia patológica resultante do conflito aparece como uma *angústia flutuante*. Lembremos que a angústia flutuante é sentida pelo indivíduo, mas fica desvinculada do conflito.

Nos ingeridores, a dissociação acontece na relação mente/ corpo. Isto é, o que a cabeça pensa o corpo não sente.

Nos defecadores, a dissociação acontece na relação corpo/ mente. Isto é, a cabeça (pensamentos) não estabelece contato com o que o corpo está sentindo.

Nos urinadores, a dissociação acontece entre o ambiente (percepção) e o Eu (mente e corpo). Ou seja, o indivíduo percebe a realidade externa, mas não se inclui nela.

A desconexão entre a parte do indivíduo que permanece atuante e a parte que fica isolada pela defesa dissociativa recebe o nome de *brecha dissociativa*.

O manejo psicoterápico consiste em fechar a brecha dissociativa, associando gradativamente os conteúdos conflitantes. Para isso, utilizamos a técnica do *espelho que retira* seguida de cenas de descarga para cada conteúdo identificado.

Quando a angústia flutuante está muito forte, utilizamos neurolépticos em doses baixas. À medida que o neuroléptico age fazendo que o indivíduo se volte para dentro de seu mundo interno, ajuda a diminuir a brecha dissociativa. Não utilizamos antidepressivos, pois sua ação distancia o indivíduo de seu mundo interno, favorecendo o aumento da brecha dissociativa.

Cisão do esquizoide

A cisão do esquizoide funciona de maneira muito parecida com as defesas dissociativas. É o único caso em que podemos dizer que o Eu do indivíduo se encontra cindido entre o que convencionamos chamar de Eu observador e Eu operativo. Embora não seja uma defesa psicológica, e sim uma estruturação do psiquismo, ela funciona como defesa ao impedir que o indivíduo seja visto ou percebido pelos outros na forma integral do seu Eu.

O manejo psicoterápico é feito com técnicas de *espelho desdobrado* e seguindo a psicodinâmica do esquizoide (vide o volume II desta coleção).

A medicação indicada consiste em neurolépticos em doses baixas, com o objetivo de diminuir a angústia e o pânico de estabelecer contato com o outro.

Defesas de somatização

Nas defesas de somatização, o conflito psicológico é transferido para sintomas físicos nos órgãos, provocando lesões de caráter transitório ou mesmo duradouro. A angústia patológica é transformada em sintomas físicos, tais como pruridos, queimações, dores, contraturas etc.

As defesas de somatização têm caráter mais inespecífico, e o indivíduo tem pouco ou nenhum conhecimento da ligação psicológica implicada. Em outras palavras, o psiquismo fica bastante desvinculado da sintomatologia física.

O manejo psicológico é muito complexo, mas sua essência é retirar o conflito do somático e remetê-lo para o psicológico (veja no volume III desta coleção).

O auxílio medicamentoso deve ser feito associando antidepressivos e neurolépticos, ambos em doses baixas. O antidepressivo funciona como suporte, visto que estamos trabalhando com material muito desconhecido pelo cliente; o neuroléptico é utilizado para a sedação da angústia envolvida.

Rompimento ou desmonte dos vínculos compensatórios

Lembremos que durante os processos de rompimento ou de desmonte dos vínculos compensatórios encontramos, junto com as vivências do clima inibidor e da sensação de falta estrutural, uma grande ansiedade de expectativa. *É uma ansiedade da expectativa de que vá acontecer, finalmente, aquilo que deveria ter acontecido durante o desenvolvimento psicológico mas não aconteceu.*

Essa ansiedade pode levar a um quadro de exaustão mental e deve ser medicada com hipnóticos. É uma maneira de produzir pelo menos seis horas de pausa durante a noite para que o cliente consiga suportar o trabalho de rompimento ou desmonte do vínculo compensatório. Junto com a ansiedade de expectativa existe também a vivência do clima inibidor, percebida como uma sensação de estar "sem saída", de morte e de intenso desamparo. A vivência da falta estrutural é sentida como uma grande desilusão que pode levar a um estado de apatia e melancolia.

Se o sintoma principal for angústia, podemos associar um neuroléptico para abrandá-la. Caso o sintoma principal seja apatia e melancolia, podemos associar um antidepressivo.

Figura internalizada em bloco (borderline)

Lembremos que a *figura internalizada em bloco* provoca no cliente um *conceito de identidade conflitante*. Isso significa que o indivíduo tem referências que fazem parte do seu conceito de identidade e, ao mesmo tempo, referências ligadas ao conceito de identidade da figura internalizada em bloco. Isso produz um *duplo comando em que às vezes os procedimentos e atitudes são comandadas pelo Eu do indivíduo e em outras são comandados pelos critérios da figura.*

A existência de um duplo comando causa grande desorganização no comportamento desse indivíduo, e a estratégia psicoterápica é identificar e nomear a figura internalizada em bloco, conforme sua função (conselheiro, brochador, envenenadora, cobradora etc.), e conscientemente passar a desobedecê-la.

A desobediência à figura internalizada em bloco vai diminuindo o duplo comando nas condutas do indivíduo, mas durante esse processo se estabelece um "vazio de referências" onde antes existia o comando da figura. Esse vazio diminui à medida que o Eu do indivíduo ocupa o espaço e estabelece seus verdadeiros critérios de conduta.

Durante esse processo, o auxílio medicamentoso é muito importante, pois o "vazio de referências" produz uma sensação próxima do pânico. O cliente deve ser medicado com neurolépticos em doses baixas ou médias até que consiga se comportar com um comando único.

REFERÊNCIAS BIBLIOGRÁFICAS

DIAS, Victor R. C. S. *Psicopatologia e psicodinâmica na análise psicodramática.* v. I-III. São Paulo: Ágora, 2006-2010.

GOODMAN, L. S.; GILMAN, A. G. *As bases farmacológicas da terapêutica.* 11. ed. Rio de Janeiro: McGraw-Hill, 2006.

2. Manejos, procedimentos e condutas na análise psicodramática

Victor R. C. S. Dias

Este capítulo traz uma série de manejos, procedimentos e condutas que criamos na análise psicodramática. Ele está escrito em forma de "dicas" e sem uma ordem estabelecida.

Silêncio

É um dos temas complicados durante a sessão de psicoterapia. O manejo adequado do silêncio é fundamental para a formação do vínculo terapêutico ou mesmo para a interiorização e a reflexão durante o processo.

O silêncio é muitas vezes necessário para o processo de interiorização e reflexão. Clientes ansiosos ou desconfiados têm dificuldade de se manter em silêncio durante a sessão. Com isso, apresentam dificuldade de entrar em contato com os próprios sentimentos, reflexões e elaborações.

Uma vez detectada essa dificuldade, o terapeuta deve esclarecer o impedimento e elucidar a importância do silêncio para favorecer o contato com o mundo interno. Feito isso, cabe ao terapeuta intervir para provocar o sentimento, com frases do tipo: "Pare um pouco de falar e sinta seu corpo"; "Não fique procurando assunto, fique um pouco quieto e veja qual é o verdadeiro assunto que quer abordar"; "Volte um pouco para seu interior e veja que tipo de desconfiança é essa".

O silêncio se torna um impedimento para a comunicação quando o cliente se recusa a falar ou se coloca na posição de estar sem assunto. Nesses casos, a pior coisa que o terapeuta pode fazer é cobrar assunto ou começar um processo de interrogatório, mesmo que estimulado pelo cliente. O que se deve fazer é, em primeiro lugar, autorizar o silêncio e convidar o cliente a senti-lo e ouvi-lo.

Junto com isso, o terapeuta deve relaxar em sua poltrona e procurar sentir e ouvir o silêncio do cliente. Isso permite sentir e identificar silêncios de *hostilidade, medo, ausência, indiferença, birra, oposição, expectativa, indiferença* etc. Conforme consiga identificar o silêncio do cliente, o terapeuta deve quebrá-lo com falas a respeito de como ele, terapeuta, está sentindo esse silêncio. Por exemplo: "Minha sensação é de que estamos diante de um silêncio de medo" (ou de hostilidade, ou de indiferença etc.); "Sinto muita curiosidade em começar a perguntar uma série de coisas, mas vou respeitar seu silêncio"; "Tenho vontade de conversar e ver se posso ajudá-lo, mas essa é a minha vontade e não sei qual é a sua".

Não devemos deixar o silêncio se instalar por períodos muito longos na sessão. Essas frases de depoimento servem para quebrar o silêncio sempre que este começa a ser tenso, tanto para o cliente como para o terapeuta.

SENTIMENTO DE CULPA

O sentimento de culpa não existe de forma isolada. Ele é sempre consequência de uma acusação ou de uma autoacusação. Quando a culpa aparece na fala do cliente durante a sessão, a primeira providência do terapeuta é procurar identificar a acusação ou autoacusação que gera essa culpa.

A abordagem e o trabalho psicoterápico passam a ser, então, sobre a acusação ou sobre a autoacusação. Nesse trabalho, precisamos identificar se estas são procedentes ou improcedentes.

Quando a acusação ou autoacusação é improcedente – Nessas situações, vamos centrar nosso trabalho na figura de um acusador que pode ser tanto uma figura de mundo interno do cliente como um acusador externo injusto. É um trabalho de divisão interna entre acusador *versus* acusado.

Quando a acusação ou autoacusação é procedente – Nessas situações, vamos trabalhar com o cliente para que ele aceite sua responsabilidade na acusação em questão. Depois, tentaremos a reparação – que é, na maior parte das vezes, constituída de uma reconsideração e de um pedido de desculpas. Para isso, podemos utilizar a técnica de *cena de descarga*.

DEPRESSÃO DE CONSTATAÇÃO

Como já vimos anteriormente, a *depressão de constatação* é a elaboração da *depressão neurótica*, e representa o resultado do "cara a cara" do cliente com seus conteúdos internos evitados.

A depressão de constatação pode ser extremamente dolorosa, pois implica a reavaliação de uma série de posturas e atitudes que o cliente teve, durante seu estado neurótico, tanto com pessoas como com situações de sua vida.

Essa reavaliação implica danos sofridos pelo cliente ou causados por ele a outras pessoas – perdas, arrependimentos, injustiças, culpas, indignações, penas, vergonhas, maldades, descasos, omissões, abusos, intromissões etc.

Os envolvidos nessa reavaliação costumam ser pessoas próximas ou mesmo queridas, como pai, mãe, parentes, marido, esposa, irmãos, filhos, colegas, chefes etc., e os danos são, muitas vezes, irreparáveis no mundo externo (aconteceram há um bom tempo, os envolvidos já morreram, as situações se deterioraram etc.).

Nesses casos, as reparações são difíceis e em geral se resumem a uma reconsideração e a um pedido de desculpas, feitos na forma de cenas de descarga.

POSTURA NARCÍSICA NO MUNDO

A postura narcísica no mundo consiste numa indignação permanente e consistente entre o *mundo como ele é* e *como deveria ser*.

Essa postura evidencia um divórcio entre a autopercepção do cliente e sua percepção externa.

O manejo dessas situações implica o esclarecimento dessa postura e dos riscos de se posicionar no contrafluxo da vida, andar na "contramão" na avenida da vida!

Uma vez identificado esse problema, devemos trabalhar com a técnica do espelho desdobrado e fazer uma avaliação sistemática das consequências de tal postura.

ALTERAÇÕES NO PROJETO DE VIDA – ANGÚSTIA EXISTENCIAL

Lembremos que o projeto de vida é o plano diretor que o indivíduo tem ou vislumbra para organizar sua vida. Até a fase da adolescência, ele é comandado pelos pais ou responsáveis. A partir dessa fase, ele passa a ser gerido, gradativamente, pelo próprio indivíduo. A ausência ou a mudança do projeto de vida gera o que chamamos de angústia existencial. Esta aparece sempre que o indivíduo fica sem seu plano diretor.

Normalmente, a angústia existencial, que é de mundo externo, aparece na adolescência – durante a fase de transferência de comando do projeto de vida dos pais ou responsáveis para o próprio indivíduo. Ela reaparece quando acontece algum tipo de mudança brusca no projeto de vida, seja por iniciativa do indivíduo ou independentemente de sua vontade.

Muitas vezes, a causa da procura da psicoterapia é a própria mudança (forçada ou não) do projeto de vida. Em outras, a mudança tende a ocorrer em consequência do trabalho psicoterápico.

As mudanças bruscas do projeto de vida são, na maioria das vezes, independentes da vontade do cliente e o pegam desprevenido. Por exemplo: separações não programadas, falência, perda de empregos estáveis, morte de entes importantes, tragédias, mudança de país etc. Tais situações lançam o indivíduo em dilemas inesperados e desorganizam seu plano diretor de vida. Elas mobilizam fortemente a angústia existencial, com sensação de perda de referência, "perda de chão" e forte desorganização psicológica.

A principal conduta do terapeuta deve ser esclarecer a situação de perda do projeto de vida e afirmar a necessidade da formulação de um novo plano diretor.

Uma vez feito isso, devemos rever o projeto de vida antigo e fazer um levantamento de quais eram as referências, os valores e as necessidades importantes para esse indivíduo, quais eram seus objetivos, suas crenças e as pessoas que faziam parte do seu entorno.

Com esses dados, podemos avaliar, junto com o cliente, o que sobrou desse projeto e quais são os recursos – materiais, afetivos e sociais – disponíveis para a reorganização do projeto de vida ou para a formulação de um novo plano diretor.

Mesmo que haja necessidade de elaborar um novo projeto de vida, este sempre vai se alicerçar em referências e valores do antigo.

As situações mais comuns de mudança no projeto de vida são as ocasionadas pelas separações conjugais. Nesses casos, devemos retomar as lembranças de quando o indivíduo ainda não era casado – sua vida, seu cotidiano, seus anseios e suas expectativas –, utilizando-as como referências básicas para uma reavaliação do projeto de vida.

MANEJO DA ANGÚSTIA CIRCUNSTANCIAL

Lembremos que a angústia circunstancial é de mundo externo e compatível com a situação de ameaça real que o indivíduo esteja vivendo.

Depois de identificar que o cliente está passando por uma situação de angústia real, cabe ao terapeuta uma mudança de postura que implique a *mobilização da parte sadia e dos recursos disponíveis do cliente para fazer frente à situação de ameaça.*

Nesses casos, o terapeuta não trabalhará com os conflitos do mundo interno do cliente (angústia patológica) nem no projeto de vida (angústia existencial). Vai trabalhar reunindo todos os recursos saudáveis do cliente para fazer frente à ameaça em questão. Nesse caso, o terapeuta pode orientar, informar, ensinar, sugerir, direcionar, indicar profissionais de outras áreas (advogados, médicos, professores, cuidadoras, enfermeiras, firmas de recolocação, cursos etc.) que possam auxiliar o cliente.

MANEJO DA EROTIZAÇÃO NO SETTING PSICOTERÁPICO

Um *setting* psicoterápico erotizado pode, muitas vezes, paralisar a psicoterapia, além de causar constrangimento para o terapeuta, para o cliente ou para ambos, caso não seja bem trabalhado.

A erotização do *setting* psicoterápico pode ocorrer por conta do cliente, por conta do terapeuta ou por conta de ambos.

Quando o setting é erotizado pelo cliente

Embora isso possa ocorrer a qualquer momento, é mais comum acontecer em quatro situações:

▶ Quando o cliente já vem para a terapia com uma carga erótica mal resolvida na própria vida e, portanto, em *privação sexual*. Nesses casos, o cliente já se apresenta, na terapia, com problemas ligados ao exercício de sua sexualidade – repressões religiosas ou morais, medo de contato sexual, contenções das mais diversas espécies etc.

A privação sexual na vida é consequência de uma série enorme de fatores que serão objeto de trabalho na terapia.

O estabelecimento de um clima terapêutico acolhedor, aliado à segurança de que o/a terapeuta é uma pessoa que está, pela própria ética, impossibilitado de atuar sexualmente, criam um ambiente protegido que o cliente acaba aproveitando para tentar descarregar toda sua carga erótica represada.

Dessa maneira, vamos ter uma divisão interna entre desejo *versus* impedimentos.

A estratégia de trabalho adequada para o terapeuta é identificar os fatores (religiosos, morais, repressivos, de contenção etc.) que impedem a descarga erótica na vida do cliente e trabalhar com eles.

Quanto ao desejo erótico, é importante que o terapeuta não o puxe para si, e sim o direcione para a vida. Para isso, utiliza-se muito a técnica de *cenas de descarga*. Dessa maneira, o terapeuta impede que o cliente o transforme em objeto sexual e garante que os conteúdos sejam direcionados para quem de direito: pessoas da vida do próprio cliente.

Quando o cliente insiste em transformar o terapeuta em objeto sexual e isso começa a paralisar o *setting*, o terapeuta deve se posicionar da seguinte forma: "É lisonjeiro você estar sentindo essa atração por mim, mas, apesar de você ser uma pessoa agradável, não estou na mesma sintonia amorosa que você. Isto é, você pode estar se sentindo atraído/a sexualmente por mim, mas eu não sinto isso por você! Vamos tentar encontrar na sua vida alguém que possa estar nessa sintonia".

Dessa maneira, o terapeuta aceita a atração erótica como uma lisonja, mostra o desencontro da situação e começa a canalizar a erotização para um objeto de fora do *setting*.

Essas situações costumam ocorrer no início da psicoterapia.

- Quando existe um aprofundamento no processo psico-terápico. Ocorre quando se esgota a posição inicial em que o cliente se coloca como vítima (da educação, das circunstâncias, da família, da miséria, das repressões, das contenções etc.) e começa a mostrar seu lado menos nobre em relação ao mundo (seu egoísmo, sua mesquinhez, sua vaidade, suas maldades, suas intenções etc.).

Nessa fase, o cliente deixa o discurso do "Sou assim porque não me deram as devidas atenções!", "Sou assim porque sempre me impediram de me exteriorizar!", "Sou assim porque tudo fica nas minhas costas!" e passa a admitir sua parte de responsabilidade.

Nessa passagem, o cliente se sente exposto diante do terapeuta e tenta, muitas vezes, modificar a situação do *setting* tornando-o mais igualitário. É comum aparecerem temas nos quais o cliente se posicione em igualdade ou até em superioridade de condições com o terapeuta – comparações de viagens, de marcas de carro, frequência a restaurantes, cabeleireiros, lojas etc. onde ele/a e o/a terapeuta se tornam iguais ou o terapeuta fica em posição de inferioridade.

Às vezes o cliente erotiza o *setting* e transforma a relação terapeuta/cliente em relação homem/mulher, igualando a importância dos dois dentro do *setting*. Em geral, o cliente não se dá conta da intenção que está encoberta e de fato acredita que está se envolvendo com ou se apaixonando pelo terapeuta.

Quando isso acontece, é inútil o terapeuta tentar dirigir a erotização para fora do *setting*, pois não se trata de uma erotização reprimida ou contida que está acontecendo devido à segurança da relação. Trata-se de uma sedução dirigida diretamente ao profissional. Não é, porém, uma sedução télica, e sim com intenção encoberta. Se for uma sedução branda, é melhor o terapeuta aguentar a erotização e procurar trabalhar os conteúdos que devem ser aprofundados na terapia. Quando o aprofundamento acontece, a sedução vai diminuindo, dando lugar a outros sentimentos e a outras dinâmicas.

Às vezes, a sedução é mais intensa e o cliente acaba cobrando uma posição do terapeuta. Nesses casos, a postura a ser adotada é a de que o terapeuta não está disponível para esse tipo de relação com seu cliente. É muito importante que o terapeuta não utilize uma posição ambígua, do tipo: "Como seu terapeuta, não posso me envolver" ou "É antiético o envolvimento terapeuta/cliente".

O mais correto é o terapeuta valorizar a posição do cliente para não ferir sua autoestima, mas deixar clara sua posição: "Tenho percebido sua erotização e é até agradável sentir isso, mas não estou pessoalmente disponível para esse tipo de relação com você. Acho que posso continuar a ajudá-lo como terapeuta, caso você aceite essa condição".

Isso costuma ocorrer no meio do processo psicoterápico, antes de um aprofundamento da terapia, quando o cliente perde suas referências e fica bastante apoiado no terapeuta durante um tempo.

Algumas vezes, tais situações podem encontrar o terapeuta numa fase ruim de sua vida amorosa – e, portanto, mais suscetível à sedução. Quando isso acontece, é melhor o terapeuta avaliar, com a ajuda de um colega, sua capacidade de continência em relação ao cliente. Talvez ele precise parar a terapia e encaminhá-lo a outro profissional.

♦ A terceira situação pode se dar em qualquer estágio da psicoterapia, sendo mais comum acontecer do meio para o final do processo. É quando o cliente estabelece um vínculo compensatório no *setting* e o terapeuta, sem se dar conta, complementa a função que lhe foi delegada.

Nesses casos, fica estabelecida uma relação de dependência cliente/terapeuta dentro do *setting*. Nas terapias calcadas na psicanálise e no estabelecimento do vínculo transferencial estratégico, isso pode acontecer e é manejado tecnicamente pelo terapeuta, por meio do enquadre e das interpretações. Nas terapias em que não se trabalha com o vínculo transferencial estratégico, muitas vezes o terapeuta não se apercebe do estabelecimento do vínculo de dependência e acaba por complementá-lo patologicamente (função complementar interna patológica). Em tais situações, o profissional perde a distância terapêutica e o próprio papel profissional de terapeuta, ocorrendo envolvimentos dos quais a erotização é só uma parte. São vínculos patológicos, e a terapia deve ser imediatamente interrompida.

♦ A quarta situação de erotização no *setting* costuma ocorrer mais no final do processo psicoterápico, e pode estar relacionada a três componentes.

O primeiro deles é uma vivência de gratidão que o cliente sente em relação ao terapeuta, por uma jornada carregada de intimidade e de muita confiança, percorrida durante todo o processo terapêutico. Sabemos que a gratidão é um sentimento que muitas vezes se confunde com o amor. Cabe ao terapeuta identificar e possibilitar a descarga do sentimento de gratidão para desfazer a mistura com o erotismo.

O segundo componente é uma vivência erótica movida pela proximidade do final da terapia e ligada ao medo de perder o contato com o terapeuta. Como já foi dito, a jornada psicoterápica envolve uma relação de confiança e estabelece uma relação de grande intimidade. O terapeuta costuma ser o maior depositário dos segredos mais íntimos do cliente. Cabe ao profissional identificar a situação e trabalhar o medo da perda para desfazer a mistura entre esses sentimentos.

O terceiro componente é uma vivência erótica télica, que envolve a relação do cliente e do terapeuta. No final da psicoterapia, os papéis de cliente e de terapeuta vão sendo desativados e, à medida que isso acontece, emerge o papel de homem/mulher, pessoa/pessoa, tanto do terapeuta como do cliente. Nessa mudança, algumas vezes, surge um envolvimento amoroso que não é gratidão nem medo de perda, mas uma real atração entre duas pessoas. Cabe ao terapeuta identificar essa situação e, caso se confirme uma atração télica, promover a parada e o término da terapia, liberando-se do papel de terapeuta para resolver a situação nas regras da vida.

Quando o terapeuta erotiza o setting

A erotização pode partir do terapeuta ou este pode corresponder eroticamente à provocação do cliente.

Muitas vezes acontece de o terapeuta também ter suas privações sexuais e afetivas – por não ter se tratado de forma adequada ou por estar em uma fase mais complicada de sua vida amorosa.

O terapeuta pode perceber sua carga de erotização, independentemente da provocação do cliente, quando começam a acontecer erotizações muito frequentes no *setting* terapêutico. Nesses casos, é de fundamental importância o terapeuta procurar a ajuda de um colega ou supervisor para avaliar a situação e, se for o caso, iniciar um processo de psicoterapia pessoal.

Quando o terapeuta se encontra em situação de privação afetiva e sexual na vida pessoal, ele se torna muito mais vulnerável às provocações dos clientes, caso elas estejam ocorrendo. O ideal, então, é que ele procure ajuda em supervisões ou na terapia pessoal. Caso seja uma situação insuportável, é melhor se declarar impedido de continuar a psicoterapia e encaminhar o cliente a um colega.

No final da terapia, se o terapeuta estiver numa situação afetiva e amorosa mais carente, pode ser difícil para ele identificar e diferenciar, de maneira clara, a gratidão ou o medo de perda de uma relação amorosa.

Nesses casos, é melhor procurar a supervisão de um colega e, orientado por ele, avaliar a situação antes do encerramento da terapia. No caso de uma situação télica, a terapia deve ser encerrada, e a situação deve ser resolvida na própria vida.

IMATURIDADE AFETIVA E BICHOS DE ESTIMAÇÃO

Existe um aumento muito grande e disseminado das relações afetivas entre as pessoas e os bichos de estimação, principalmente os cachorros.

Às vezes, essas relações se tornam patológicas, com o estabelecimento de um vínculo compensatório da pessoa em relação ao bicho, delegando a este a responsabilidade de uma função psicológica (função delegada) que deve ser do próprio indivíduo.

O que pretendo abordar não são as relações patológicas, e sim *as relações afetivas de caráter incondicional estabelecidas entre as pessoas e seus bichos.*

Lembremos que, no desenvolvimento psicológico do indivíduo, as noções de amor, confiança, dedicação, amizade e fidelidade incondicionais pertencem ao mundo infantil e não ao mundo adulto. Essa vivência é revivida na puberdade, na fase do grande amigo e da grande amiga, no desenvolvimento da identidade sexual e, mais tarde, nos momentos de encantamento e paixão.

Salvo nesses momentos pontuais, amor, amizade, dedicação, fidelidade, entre outros, não são sentimentos incondicionais no mundo adulto.

O reconhecimento disso leva a pessoa a desenvolver maturidade emocional para encarar esses sentimentos no mundo adulto e entre as pessoas.

Os animais de estimação, principalmente os cães, tendem a estabelecer uma relação de amor incondicional com seus donos, gerando uma situação afetiva de grande segurança emocional. Não vejo nada de mais ou de errado nessa relação, mas percebo, cada vez mais, que as pessoas tendem a procurar nas relações afetivas e amorosas com outros indivíduos no mundo adulto uma correspondência com o amor incondicional das relações afetivas com os bichos de estimação.

Essa tendência de achar que o amor incondicional com os *pets* é um modelo para as relações de amor entre as pessoas adultas é uma ilusão e tende a cristalizar a visão do amor incondicional infantil como modelo das relações de amor do mundo adulto.

Uma vez detectada a questão, é fundamental que o terapeuta esteja atento para esclarecer seus clientes de que o amor e os sentimentos incondicionais infantis e com os *pets* são diferentes do amor e dos sentimentos adultos entre as pessoas.

AS RELAÇÕES AMOROSAS DO TIPO COMPANHIA E COMPANHEIRO

Com a atual flexibilização dos conceitos morais, as relações amorosas estão cada vez mais descompromissadas. Isso acarreta certo grau de expectativa e de angústia, principalmente nos indivíduos que procuram uma relação compromissada ou até mesmo um casamento.

Para facilitar a compreensão do tema, dividi as relações amorosas em dois grandes grupos: relações de companhia e relações de companheiro.

Relação de companhia

É a relação amorosa de curta duração ou de duração intermitente em que o compromisso amoroso é se divertir e fazer companhia um ao outro. Pode durar uma noite, uma viagem, um feriado prolongado, férias ou um tempo maior. É chamada de muitos nomes: amizade colorida, caso, rolo, pinto amigo etc.

A qualificação para um parceiro ou parceira numa relação de companhia é: ter bom astral, gostar de coisas semelhantes, sentir atração sexual, ter relação empática etc.

São relações nas quais, em geral, os parceiros se escolhem por características físicas, beleza, gostos em comum, atividades parecidas ou situações de ocasião.

Relação de companheiro

É a relação amorosa de longa duração cujo objetivo principal é compartilhar a vida, estabelecer projetos de futuro, constituir família, amealhar patrimônio etc. Podem durar anos ou até mesmo a vida toda.

A qualificação para um parceiro ou parceira numa relação de companheiro é ter objetivos comuns de vida, valores morais parecidos, cumplicidade e confiança e, claro, algum tipo de empatia.

São relações em que, na maioria das vezes, os parceiros "se trombam" na vida. Costumo comparar com a situação de estar andando na estrada e, ao olhar para o lado, descobrir que tem alguém indo para o mesmo lugar e então resolverem caminhar juntos. Por isso mesmo não se escolhem, se trombam.

Dessa maneira, vemos que a qualificação de um/a parceiro/a para uma relação de companhia é muito diferente da qualificação de um/a parceiro/a para uma relação de companheiro/a. Nem sempre o/a companheiro/a é a melhor companhia e nem sempre a melhor companhia pode vir a ser um/a companheiro/a.

O grande "pecado mortal" de tudo isso é tentar transformar uma relação de companhia em uma relação de companheiro ou querer transformar um companheiro numa grande companhia, pois *as qualificações são muito diferentes*!

Claro que é muito bom quando conseguimos um parceiro ou parceira que além de ser companheiro/a é também uma grande companhia, mas precisamos ter sempre em mente que as qualificações são diferentes.

É fundamental que o terapeuta esclareça seus clientes nesse sentido. Pela própria formação moral, as mulheres ainda são as que mais fazem essa confusão, para grande frustração delas mesmas.

A CRISE DE IDENTIDADE COM A MATERNIDADE E A PATERNIDADE

A maternidade e a paternidade são duas situações que ocorrem na vida das pessoas e causam alteração na identidade. Essa alteração ocorre em decorrência de as figuras internalizadas de pai e de mãe serem intensamente mobilizadas no mundo interno do indivíduo durante esses processos. Essa mobilização não apresenta grandes problemas por si só. Os problemas surgem, no entanto, porque os conflitos que envolvem essas figuras aparecem junto com a mobilização, causando, às vezes, crises consideráveis.

A crise da maternidade

Durante a gravidez, a mulher passa do papel de filha para o papel de mãe. Mesmo uma mulher que já tenha tido filhos refaz esse caminho a cada gravidez. A primeira gestação, obviamente, tem mais importância que as outras nessa transformação. Durante a gravidez, a amamentação e nos primeiros meses de cuidados com o bebê, a figura internalizada da mãe e/ou de quem exerceu essa função é fortemente mobilizada no mundo interno da mulher. Se a figura internalizada for conflitada, isso pode gerar uma série enorme de desestabilizações psicológicas. Os casos mais graves acabam recebendo diagnósticos psiquiátricos como *depressão pós-parto* ou mesmo *psicose puerperal*.

Esse conceito psicodinâmico é importante porque tanto a prevenção como o tratamento desses distúrbios implicam obrigatoriamente a abordagem da relação entre essa mulher e sua mãe ou substituta de mãe que está internalizada. Somente a medicação não resolve.

Sabemos que a figura internalizada é mobilizada em cada nova etapa da vida do filho, mas em menor intensidade. O conceito psicodinâmico continua válido, isto é, o terapeuta tem de estar atento para as relações conflitadas com a figura internalizada que é mobilizada a cada etapa da vida do filho. Isso vale tanto para a mulher como para o homem.

A *crise da paternidade*

A crise da paternidade acontece de maneira menos evidente, mas não menos intensa, que a crise da maternidade. O homem também passa do papel de filho para o de pai com o nascimento do filho; e, mesmo que já tenha outros filhos, esse caminho é trilhado várias vezes.

Para o homem, o nascimento do filho implica não só assumir o papel de pai, mas também o de chefe de família, ao qual estão relacionados o filho, a mulher e o papel de provedor. Nesse momento, a figura internalizada do pai ou de quem fez essa função é fortemente mobilizada. Se for uma figura carregada de conflitos, estes podem acarretar vários distúrbios psicológicos – depressões, agressões, procura de amantes e até abandono do lar. O conhecimento desse conceito psicodinâmico norteia tanto a prevenção como o tratamento desses distúrbios. Ambos – prevenção e tratamento – passam, obrigatoriamente, pelo trabalho da relação entre esse homem e a figura internalizada de pai (ou seu substituto) que está sendo mobilizada.

A DOUTRINA RELIGIOSA COMO DEFESA DE EVITAÇÃO

Defesas de evitação são mecanismos de defesa do psiquismo por meio dos quais o contato com a angústia patológica é sistematicamente evitado.

Estão divididas em: defesa de evitação deliberada, defesa de evitação consciente, racionalizações e justificativas e emoções reativas.

O indivíduo pode utilizar as defesas de racionalização de duas maneiras:

- Desenvolvendo uma série de racionalizações e justificativas criadas por ele mesmo.
- Utilizando uma doutrina já pronta. É uma situação mais grave, pois o indivíduo tende a se fanatizar, a não mais pensar com a própria cabeça e sim com o "manual" da doutrina. Essas doutrinas – religiosas, filosóficas, políticas etc. – são criações intelectuais complexas, trabalhadas e aprimoradas por muitas pessoas inteligentes durante anos e até mesmo séculos! As situações em que a doutrina religiosa é utilizada como defesa de evitação estão entre as mais difíceis de trabalhar em psicoterapia.

O *manejo da doutrina religiosa no* setting *terapêutico*

Só tem sentido o manejo da doutrina religiosa no *setting* terapêutico quando ela está sendo utilizada como defesa de evitação. Nesse caso, há uma orientação para esse manejo, que está sistematizada a seguir.

Todas as doutrinas religiosas são estruturadas da mesma maneira. Elas estão apoiadas em três premissas básicas:

- A primeira premissa é a de que existe uma (ou várias) divindade – que podem ter nomes diferentes, tais como Jesus, Alá, Buda, Xangô, Shiva, Zeus e inúmeros outros – reverenciada como deus.

- A segunda premissa é a de que existe uma série de regras e ritos que devem ser seguidos pelos indivíduos que aceitam essa(s) divindade(s) e acreditam nela(s). Esse conjunto normativo, em muitas das doutrinas religiosas, é chamado de igreja. Ele determina e interfere nos procedimentos e condutas dos indivíduos e de toda uma comunidade, abordando os mais diferentes ângulos da vida das pessoas – o que comer e vestir, os rituais de casamento, nascimento, morte, a vida sexual, a relação com o dinheiro, a relação com o próximo e até a crença em uma existência posterior à morte.

Esse código normativo religioso, muitas vezes, se choca frontalmente com uma série de sentimentos e instintos humanos, principalmente os sexuais e os agressivos, causando uma enorme turbulência emocional e psicológica, carregada de culpas, repressões e contenções.

- A terceira premissa é a de que os representantes da igreja ou os por ela iniciados têm algum tipo de contato – que é negado ao simples leigo – com a divindade. Assim, eles "falam em nome de Deus". Essas falas, portanto, têm grande poder de influência sobre os crentes.

A crença em uma divindade espiritual não atrapalha em nada o processo psicoterápico, às vezes até ajuda. A submissão do cliente ao código normativo religioso, no entanto, impede o processo psicoterápico tanto na análise psicodramática como em várias outras escolas.

Em outras palavras, o que atrapalha a psicoterapia é a interferência do código moral religioso, e não a crença na divindade espiritual.

O manejo psicoterápico é o seguinte:

- Separação, pelo terapeuta, entre a crença na divindade e a influência do código normativo. Deve-se deixar claro que a crença na divindade é uma escolha do cliente, mas a interferência do código normativo está impedindo que ele aceite parte de seus sentimentos e de sua identidade.
- O terapeuta deve questionar, em nome da psicologia, a aceitação da terceira premissa. A psicologia não questiona a divindade, mas discorda das normas restritivas impostas pela igreja e pelos homens (padres, pastores e representantes religiosos em geral) em nome dela.

Devemos ter sempre em mente que *tanto o terapeuta quanto a psicologia como instituição não podem e não devem questionar a divindade. Não cabe ao terapeuta, como pessoa, pôr em xeque uma igreja ou seus representantes institucionais. Quem pode e deve fazê-lo é outra instituição – no caso, a psicologia.*

A CONTAMINAÇÃO DO SETTING TERAPÊUTICO

Esse é um tema bastante polêmico, visto que a análise psicodramática faz parte das inúmeras escolas psicoterápicas que, diferentemente da psicanálise, não utilizam o conceito de *setting* terapêutico rígido e asséptico. Na verdade, utilizamos um *setting* terapêutico com graus variáveis de contaminação. Não discutirei, neste texto, as vantagens ou desvantagens de um *setting* rígido ou flexível, pois cada escola tem seus recursos e procedimentos para lidar com o tema. Embora a análise psicodramática tenha em sua matriz o psicodrama moreniano, não adotamos o mesmo conceito de *setting* por considerá-lo muito flexível e bastante contaminado.

A seguir, alguns cuidados que devemos ter na análise psicodramática para evitar a contaminação do *setting* terapêutico.

Quem atender e quem não atender em terapia

- Não atender em psicoterapia parceiros (casados ou não) separadamente. Quando for o caso, devemos atendê-los em psicoterapia de casal. O atendimento individual do casal implica dois tipos graves de contaminação: o primeiro é que o terapeuta fica de posse de informações que não são compartilhadas pelo casal; o segundo é que as falas e observações do terapeuta podem ser interpretadas, por cada um deles, como recados mandados pelo parceiro ou denúncias.
- Não atender sócios em empreendimentos comerciais atuais e ativos pelo mesmo motivo do item anterior.
- Não atender separadamente pessoas da mesma família que moram juntas, principalmente pais e filhos ou irmãos. Além dos argumentos já citados no primeiro item, muitas vezes isso desencadeia dinâmicas de ciúme e de competição praticamente impossíveis de resolver. Quando for assim, é melhor recorrer a sessões de parelhas ou de família, em que todos são atendidos conjuntamente.

Atendimento de parentes ou afins do cliente em terapia

É bem comum o terapeuta ser procurado por parentes ou amigos de seu cliente que querem orientação ou mesmo contribuir para a terapia desse indivíduo. Isso costuma ocorrer na terapia de adolescentes, e de clientes graves ou que costumam fazer atuações, tanto histéricas como psicopáticas. Na terapia com crianças, isso é previsto e tratado na orientação dos pais ou responsáveis.

São situações em que a angústia patológica, em vez de ser assumida pelo cliente, é transferida para a família ou para os amigos.

O terapeuta se encontra numa situação muito delicada, pois:

- A atitude de não atender familiares ou amigos pode acarretar perda de informações importantes ou até mesmo vitais.

- A mobilização de familiares ou amigos é, geralmente, fruto de atuações histéricas ou psicopáticas do cliente, por meio das quais a angústia fica nos familiares e amigos e não no cliente em si. A mobilização também pode ser uma tentativa de influenciar o terapeuta para controlar ou enquadrar o indivíduo em questão. Às vezes, a mobilização é para transmitir algum tipo de "recado", por meio do terapeuta, que o familiar ou amigo não quer assumir perante o próprio indivíduo. Há situações em que a mobilização de familiares ou amigos é um real desejo de ajudar, mas em que se desconhece a forma de condução de um processo psicoterápico. Essas são só algumas das intenções das abordagens familiares.

- O atendimento dos familiares pelo terapeuta pode abalar o crédito de confiança do cliente em relação ao profissional e atrapalhar ou até impedir a continuidade do processo psicoterápico.

Postura geral a ser adotada na análise psicodramática:

- Se o contato é feito por meio de um simples telefonema, devemos atender, ouvir a queixa do familiar e tentar avaliar a gravidade da questão. Devemos avisar o familiar de que o assunto, dependendo do caso, será comentado com o cliente. Sem trazer à tona os dados confidenciais deste, precisamos tentar conduzir e acalmar a angústia do familiar.

- Às vezes, o contato é um pedido formal de uma sessão com o terapeuta. São situações que acontecem, em geral, com maridos, esposas, pais de adolescentes ou responsáveis por clientes mais graves. Não estamos falando aqui de psicoterapia com psicóticos, em que tais situações já são previstas pela própria terapia. Cabe ao terapeuta avaliar, com base na terapia de seu cliente, a adequação ou não desse possível atendimento. Essa situação deve, de preferência, ser discutida com o cliente; e a decisão deve ser tomada, também de preferência, de comum acordo entre ambos. Nesses casos, o ideal é sugerir uma sessão conjunta do adolescente e seus pais, ou do/da cliente e sua mulher ou seu marido. Nesses casos, é sempre um trabalho feito com a técnica de tribuna e com o objetivo de tratar a relação. Pode até durar algumas sessões.

É preciso lembrar que o comando do *setting* é responsabilidade exclusiva do terapeuta e que este não é um empregado do cliente. Dessa maneira, o terapeuta deve ter sempre autonomia em relação às decisões no seu contato com familiares do cliente. É de consenso que os dados confidenciais do cliente devem sempre ficar em sigilo, exceto em situações de risco de morte – do cliente, de seus familiares ou de outras pessoas. É também importante o terapeuta não se comprometer a contar ao cliente tudo que foi conversado num possível atendimento com familiares, mas apenas o que ele julgar procedente e necessário. Há assuntos que às vezes vêm parar nas mãos do terapeuta por outras fontes que, além de desnecessários, podem até ser deletérios para a psicoterapia.

Essas são algumas regras que adotamos no contato com familiares, mas ressaltamos que cada caso deve ser avaliado individualmente.

Contatos sociais ou profissionais com o terapeuta

Antes de abordar esse tema, é necessário definir o que chamamos de *setting terapêutico* na análise psicodramática.

Setting terapêutico é o espaço ocupado pela relação terapeuta-cliente. Sempre que tal relação está instalada, encontramo-nos no *setting* terapêutico.

Portanto, este não é delimitado pelo espaço físico de atendimento (consultório, clínica etc.), mas pode transcender esse espaço ou às vezes nem ocorrer nele. Não devemos confundir o *setting* terapêutico com o enquadre da sessão – que, por comodidade do terapeuta ou de ambos, é definido como determinada sala num consultório ou numa clínica.

Não devemos esquecer que as regras da relação terapeuta/ cliente são diferentes das regras das relações da vida. Na primeira predomina o clima terapêutico de aceitação, proteção e continência do terapeuta em relação ao cliente, coisa que não acontece fora da clínica.

Lembremos, também, que no *setting* terapêutico o cliente se encontra com a intimidade muito exposta e sem sua couraça social; o terapeuta, por sua vez, se encontra encoberto por seu papel profissional e com a intimidade resguardada.

Portanto, quando o terapeuta tem contato com o cliente numa situação que não faz parte do *setting* terapêutico, as regras que valem são as da vida e não as do *setting*. Assim, na situação social o terapeuta não é resguardado por seu papel profissional e sua intimidade está mais exposta, embora ele se encontre protegido por sua couraça social. O cliente, por sua vez, está com a intimidade mais resguardada e com a couraça social estabelecida. Embora essas observações pareçam óbvias, elas são muito mais complexas do que se imagina.

É fácil, tanto para o terapeuta como para o cliente (e mais ainda para este), confundir as situações sociais ou profissionais ligadas ao terapeuta fora do *setting* com as relações com o terapeuta dentro do *setting* terapêutico.

Essa confusão pode se constituir numa enorme contaminação do *setting* – de confusões de papéis e mal-entendidos até a inviabilização do processo terapêutico.

Sabemos que os terapeutas são indivíduos que, apesar de conhecerem muitas pessoas (clientes), acabam por levar uma vida solitária. Existem inúmeros clientes que, se não estivessem nessa posição, seriam parceiros de convívio social, profissional e mesmo de amizade do terapeuta. Dessa forma, a tentação de estabelecer contato fora do *setting* terapêutico é grande para o terapeuta.

Para o cliente, que observa o terapeuta por intermédio da visão distorcida causada pelo papel de terapeuta, é atraente e quase sempre ilusório tentar trazer o terapeuta para seu convívio social, profissional ou de amizade.

Isso posto, chegamos ao verdadeiro dilema: podemos ou devemos frequentar o convívio social/profissional/de amizade de nossos clientes?

Como eu já disse antes, não trabalhamos, na análise psicodramática, com um *setting* asséptico e de regras muito rígidas como o psicanalítico nem muito relacional e flexível como o do psicodrama moreniano e de outras escolas.

Citarei algumas diretrizes que considero importantes para a configuração do *setting* terapêutico na análise psicodramática.

Convívio social com os clientes – Não recomendamos que o terapeuta tenha rotineiramente convívio social com seus clientes, como ir a festas, aniversários, eventos, "chopinhos", jantares etc.

Podemos abrir exceção para casos específicos, levando sempre em conta a fase da psicoterapia, o grau de comprometimento do cliente e o tipo de evento. Lembremos que no convívio social o terapeuta está mais exposto; portanto, o risco de contaminação é bem maior.

Convívio profissional com os clientes – Consideramos aqui supervisões, aulas, grupos de estudo, palestras e outras atividades profissionais. Isso acontece principalmente em relação aos clientes da área psicológica (outros terapeutas, psicólogos, psiquiatras e afins).

Nessas situações, o risco de contaminação é menor porque o terapeuta está investido de um papel profissional (professor, supervisor, aluno, palestrante, ouvinte, participante, congressista etc.) que não é o de terapeuta. Ainda assim, ele deve estar sempre atento à fase da terapia em que o cliente se encontra, ao grau de comprometimento psicológico deste e ao tipo de atividade em questão.

Negócios com os clientes – Consideramos aqui negócios que aconteceriam de qualquer maneira, como venda de carros, objetos, utensílios, aparelhos etc.; troca de trabalhos ou objetos dos clientes pelos serviços profissionais do terapeuta (escambos); permutas do trabalho do cliente (mecânico, dentista, comerciante, serviços gerais, aconselhamentos financeiros etc.) pelo trabalho do terapeuta (psicoterapia).

São situações complicadas e o risco de contaminação é muito alto, principalmente pela dificuldade de avaliação da equivalência dos trabalhos ou pela situação de se sentir logrado, induzido ou em desvantagem numa negociação com o terapeuta.

Recomenda-se evitar esse tipo de contato. Exceções só devem ser abertas nos casos em que já exista uma grande convivência terapeuta/cliente e sejam negócios simples, de fácil avaliação e grande transparência.

Exposição do terapeuta dentro do SETTING

Considerando que trabalhamos num *setting* com regras mais flexíveis, essas situações ocorrem com muita frequência e na maior parte das vezes são bem assimiladas pelos clientes. Enquadramos, nesse tipo de exposição, manifestações e opiniões do terapeuta com relação a situações políticas, filosóficas, religiosas, sociais, de comportamento, educacionais, do cotidiano etc. Consideramos também casos em que o terapeuta fornece, nas situações de angústia circunstancial do cliente, orientação, informação e até direcionamento.

Recomendamos mais cautela com os compartilhamentos (*sharings*) descritos por Moreno. Estes, muitas vezes, acabam sendo interpretados como uma tentativa do terapeuta de induzir o comportamento do cliente ou, pior ainda, de colocar as próprias atitudes como modelo a ser seguido por ele.

A mais grave de todas essas situações é quando o terapeuta utiliza seus modelos de comportamento ou de vida em situações que são de angústia patológica do cliente e não circunstanciais. Em outras palavras, tratar uma angústia patológica, ligada aos conflitos de mundo interno do cliente, como se fosse uma angústia circunstancial, de mundo externo. Isso é inaceitável.

CONDUTA COM CRIANÇAS ADOTADAS

É fundamental que as crianças adotadas sejam informadas, de maneira clara e inequívoca, de que foram adotadas.

É bastante comum o fato de os pais adotivos tentarem esconder esse fato ou mesmo falar sobre ele de maneira vaga. Isso é muito prejudicial para a criança pela seguinte razão: *ela, mais que o adulto, tem o poder de captar as sensações e os sentimentos dos cuidadores de forma bastante intensa. Dessa maneira, ela sabe que existe algo que está sendo escondido e, mais grave ainda, algo que está sendo escondido dela sobre sua origem!*

Muitas vezes, quando a criança faz algum tipo de questionamento ou pergunta sobre isso, ela recebe uma resposta que:

Desconfirma sua percepção verdadeira e insiste em uma mentira – "Imaginação sua. Claro que somos seus pais"; "Quem te pôs essa bobagem na cabeça?"; "Larga mão de pensar bobagem" etc.

Desqualifica sua percepção – "Você é a filha do coração que Papai do Céu mandou para nós"; "Você é o nosso tesouro mais querido" ou qualquer outra bobagem do gênero, que não responde a um questionamento sério e verdadeiro da criança.

Lembremos que a desconfirmação e a desqualificação sistemáticas são patologias comunicacionais que podem resultar em quadros psiquiátricos graves e até mesmo psicóticos.

Além disso, é muito difícil viver sabendo que as pessoas com quem você convive, de quem depende e que ama mentem para você.

Em outras palavras, a criança precisa ser esclarecida de que foi adotada. Isso não significa que ela necessita ser informada das condições da adoção ou das motivações dos pais biológicos para a terem abandonado. Sabemos que dificilmente os pais biológicos se interessam pela criança abandonada, a não ser por motivações egoístas ou financeiras. Não cabe aos pais adotivos, portanto, manter esses relacionamentos nem mesmo esses registros, a não ser no caso de crianças já grandes que às vezes têm uma história pessoal e afetiva com as instituições (orfanatos) que frequentaram.

Os grandes danos de omitir a adoção são a mentira e a sensação permanente de que existe algo grave em relação à sua origem.

No Brasil, temos três tipos principais de adoção:

- Adoção oficial – Refere-se a crianças que são abandonadas em orfanatos ou casas de custódia e ficam disponíveis para adoção. Nesses casos, podem ser adotadas quando bebês e muitas vezes já maiores. As crianças maiores às vezes constituíram vínculos afetivos com os cuidadores da instituição, e esses vínculos devem ser respeitados (evitar rompimentos bruscos) na adoção.

- Adoção extraoficial – Refere-se a crianças entregues à adoção pelas mães biológicas logo após o parto. Os que fazem essa transição são em geral pessoas caridosas (enfermeiras, voluntários, assistentes sociais, pessoas religiosas etc.). Essas crianças são adotadas e registradas diretamente pelos pais adotivos como filhos verdadeiros.

- Filhos de criação – São crianças, bebês ou mais velhas, que passam a ser criadas por uma família sem adoção formal e até mesmo sem registro oficial. Muitas vezes são filhos de parentes pobres, de empregadas domésticas ou de famílias mais humildes que acabam sendo criados por parentes, patrões ou vizinhos. São considerados filhos de criação pela família adotiva.

Conduta dos pais adotivos

A postura dos pais adotivos se inicia com a aceitação de que eles não puderam ou não quiseram ter os próprios filhos. Se essa premissa não for aceita, esses pais nunca poderão tratar a adoção como algo natural.

O passo seguinte é informar à família e aos amigos de convivência mais estreita que a criança foi adotada. Isso é fundamental para que se possa conversar livremente sobre a adoção, inclusive e principalmente na presença da própria criança. Isso permite criar um clima afetivo familiar e tratar a adoção como uma situação normal da vida, que não é vergonhosa ou humilhante e, por isso mesmo, não necessita ser escondida.

À medida que se conversa livremente sobre a adoção, a criança começa a perguntar sobre sua origem. Essas perguntas devem ser respondidas com o maior grau de sinceridade possível e numa linguagem compatível com a idade da criança.

Normalmente, as crianças pequenas não necessitam de longas explicações. O que elas querem saber é: se nasceram ou não da barriga da mãe, da barriga de quem nasceram, onde foram encontradas ou o que quer dizer adoção. Conforme vão crescendo, as perguntas voltam com necessidade de mais detalhes e maior grau de entendimento.

Quanto mais naturalmente for tratado o tema, menos perguntas e menos interesse ele vai despertar.

A conduta dos pais deve ser a de dar as respostas com o mínimo de ambiguidade possível: "Você não nasceu da minha barriga porque eu não podia ter filhos de barriga. Nasceu da barriga de outra mulher, que não pôde criá-la e deixou você para ser adotada por quem não tinha filhos, como eu".

É interessante que os pais adotivos não entrem muito em detalhes sobre as intenções dos pais biológicos, pois isso só vai criar perturbações na criança. Por isso mesmo, é melhor que tenham o mínimo de contato ou de informação sobre eles. A conscientização da criança sobre as condições e intenções dos pais biológicos quando a deixaram para adoção não vai diminuir sua sensação de abandono. Além disso, pode criar um conflito na cabeça da criança sobre algo de que ela não participou ativamente nem foi criado por ela.

Nos casos de filhos de criação, o melhor é procurar a adoção ou pelo menos uma combinação mais formal e, se possível, afastar-se dos pais biológicos. A presença destes é, quase sempre, causa de muitos conflitos e turbulências emocionais, pelos mais diversos fatores.

Apesar desses cuidados, o tema da adoção deve ser retomado na adolescência do filho adotado.

Isso porque, na infância, o bebê ou a criança é adotado independentemente da sua participação ou mesmo da sua vontade. Além disso, a criança adotada carrega a fantasia permanente de que tem, em algum lugar, uma mãe e um pai biológicos. Essa ideia, por mais fantasiosa que seja, dificulta a aceitação, por parte do adotado, dos pais adotivos com suas falhas e acertos. Ao contrário do filho biológico – que, por mais que lamente os pais que tem, está certo de que não existe a possibilidade de ter sido adotado.

Por isso, é necessário saber se o adolescente adota, por sua vez, seus pais adotivos. Essa pergunta deve ser feita pelos pais em algum momento, e a resposta não é o quesito mais importante; mesmo porque o que já foi feito, já foi feito. É importante que os pais adotivos (reais) se coloquem frente a frente com os pais biológicos (de fantasia) numa fase em que esse adolescente pode realmente optar. Mesmo tendo grande mágoa dos pais adotivos, o jovem pode fazer a comparação entre os pais reais (adotivos) e os fantasiados (biológicos). Nesse momento podemos dizer que o mecanismo da adoção foi completado: os pais adotaram o/a filho/a na infância e foram por ele/a adotados na adolescência.

SEXUALIDADE NA PUBERDADE

Uma das grandes aflições dos pais refere-se ao aparecimento da sexualidade dos filhos na fase da puberdade. É um período propenso a muitos equívocos que atrapalham a relação entre pais e filhos.

Sabemos que em nossa sociedade as relações incestuosas são profundamente reprimidas, tanto por questões morais como por aspectos religiosos. As relações erotizadas e sexualizadas entre pais e filhos e entre irmãos são duramente condenadas, tanto pelas ações como pelo simples fato de haver algum tipo de atração sexual entre eles.

Sabemos também que, apesar da civilidade e das normas morais, temos uma parte instintiva (somos bichos também) que sente atração sexual (tesão) independentemente das normas. Podemos reprimir o ato sexual, mas dificilmente conseguiremos anular o sentimento de tesão. As normas morais são tão definidas que sentir algum tipo de atração por pais e filhos ou irmãos é, muitas vezes, motivo de culpa, de vergonha e até mesmo de inibição e distanciamento nas relações afetivas.

A puberdade acrescenta o aspecto sexual nas relações familiares da seguinte maneira: até a puberdade, temos uma relação mãe/filho ou pai/filha; na puberdade, é acrescentada uma relação de fêmea velha/macho jovem ou macho velho/ fêmea jovem. No tocante à comunidade de irmãos, a puberdade acrescenta uma relação de machos e fêmeas jovens.

Tanto o garoto como a garota púberes já começam a apresentar as mudanças corporais características da ação dos hormônios sexuais e a ter contato com a energia sexual (tesão) e com a consequente atração sexual que ela desencadeia. Tanto a garota como o garoto, porém, ainda não têm uma identidade sexual suficientemente estabelecida para saber lidar com as relações erotizadas. São inseguros e desajeitados quanto a isso.

Devido a essa insegurança, os primeiros contatos desajeitadamente erotizados acabam sendo com as pessoas com as quais as relações afetivas são mais seguras e conhecidas: pais, avós, irmãos, irmãs, tios, tias, primos, primas etc.

Então, subitamente, uma mãe (fêmea velha) sente tesão por um filho (macho jovem), um pai (macho velho) sente tesão por uma filha (fêmea jovem), um irmão (macho jovem) sente tesão por uma irmã (fêmea jovem), um avô (macho velho) sente tesão por uma neta (fêmea jovem), uma tia (fêmea velha) sente tesão por um sobrinho (macho jovem) e assim por diante.

Pelas normas morais vigentes, a atração sexual entre tios e sobrinhos ou entre primos é muito menos grave que entre pais e filhos ou entre irmãos.

Lembremos que sentir não é sinônimo de fazer. Sabemos que a consumação de relações sexuais entre pais e filhos e entre irmãos pode acarretar graves transtornos psicológicos, por desobedecer uma regra moral há muito tempo estabelecida. Mas o fato de sentir e depois conter o impulso sexual é plenamente compreensível e aceitável.

É muito importante que o terapeuta compreenda esse conceito para esclarecer e orientar seus clientes – sejam eles pais, filhos ou familiares –, impedindo, assim, uma carga de culpa, vergonha e até mesmo um distanciamento nas relações.

CONDUTAS COM AS CRIANÇAS NA FASE CENESTÉSICA

Recordemos que as crianças, principalmente durante a fase cenestésica do desenvolvimento (intrauterino até 2 anos e meio), têm uma ligação direta com o emocional do adulto. Elas captam os sentimentos deste. Lembremos também que durante a fase cenestésica os climas afetivos captados dos adultos e principalmente da mãe influenciam diretamente a transformação do PCI em POD, além de formarem o clima afetivo internalizado.

Conduta no aleitamento

É durante a fase do aleitamento (do nascimento até três meses) que o bebê capta, quase exclusivamente, o clima afetivo emanado pela mãe. Junto com o leite, o bebê sente o clima afetivo que vai facilitar ou dificultar essa sua fase de desenvolvimento (modelo de ingeridor).

Um dos grandes dilemas, nessa fase, é o da amamentação natural (peito) ou artificial (mamadeira).

Nem todas as mães têm facilidade com a amamentação natural, pelos motivos mais diversos – rachaduras nos seios, aversão ao ato, aflição de performance, pouco leite, empedramento do leite, formação do bico do seio etc.

Muitos pediatras insistem que a mãe deve, a qualquer custo, amamentar a criança no peito. Isso gera, muitas vezes, acusações de falta de amor, culpa e vergonha naquelas que não conseguem. Não menosprezamos os estudos a favor do aleitamento natural, mas somos contra a pressão – capaz de constranger – que é feita sobre as mães no que diz respeito à amamentação natural.

A mãe que amamenta constrangida transmite ao bebê um clima afetivo inibidor (vergonha, sofrimento, ansiedade, hostilidade, medo, dor etc.), e esse clima internalizado influencia, de forma negativa, a personalidade dele por toda a vida.

É preferível que essa mãe consiga amamentar o bebê com leite artificial e em clima de tranquilidade, sem culpa, vergonha, sofrimento, dor ou medo. Esse clima afetivo facilitador é muito mais importante do que os eventuais ganhos nutricionais do leite materno, pois vai influenciar a estrutura básica da personalidade.

Conduta na fase intrauterina

Muitas mães não têm a menor ideia de que o feto é um ser em interação com elas. Acham que a barriga é apenas um depósito e que a interação só vai acontecer quando o bebê nascer. Grande e danoso engano.

O feto, principalmente após o quinto mês da gravidez, já capta os sentimentos e as posturas da mãe. Ele já sente se está ou não sendo acolhido pela mãe, que é todo o seu universo nessa fase. Uma postura permanente de hostilidade ou de indiferença da mãe em relação ao feto produz um quadro psicológico, chamado de esquizoide, cuja marca registrada é a seguinte: a criança terá, durante a vida, a sensação de que "não é bem-vinda", "não pertence", "está na vida de favor".

De posse dessa informação, é importante que a futura mãe tenha tempo de voltar a atenção para esse ser que está sendo formado dentro de seu útero.

O *choro e o colo para os bebês*

Os bebês utilizam o choro como principal ferramenta de comunicação com os adultos. À medida que crescem, desenvolvem outras formas de comunicação, cada vez mais aprimoradas e menos ambíguas.

Quando um bebê chora, deve ser imediatamente atendido e receber colo, se necessário. O choro pode refletir algum tipo de incômodo (fome, frio, dor, mal-estar, febre, solidão etc.), ocorrer quando a cuidadora do momento transmite algum tipo de clima afetivo ruim para ele ou quando ele está se sentindo sozinho ou desamparado. Muitas vezes, o bebê continua chorando apesar de estar no colo. Isso ocorre porque a pessoa que está dando colo está tensa, hostil ou de mau humor. Mudar para outro colo, nesses casos, resolve.

É muito comum, nessas situações, aparecerem observações do tipo: "É manha dele", "Se você ficar pegando, ele vai ficar viciado em colo", "Ele tem que aprender a esperar", "Ele pensa que é o dono do mundo", e outras pérolas afins, ditas muitas vezes por comadres, enfermeiras, alguns pediatras, curiosos e idiotas em geral.

Devemos ter em mente que: as manhas acontecem a partir de 2-3 anos de idade; quem fica viciado em colo é quem teve o colo negado nessa fase; o bebê tem todo direito a uma "mordomia infantil" devido à sua dependência e desamparo real; ele não tem ainda a menor ideia das regras morais e muito menos noção do que é o mundo; ele não sabe se comunicar de outra forma e depende do adulto para tudo.

Em regra, devemos providenciar todo o colo possível que seja solicitado pelo bebê. Observamos, na prática, que os bebês que não tiveram o colo negado são os que mais cedo abandonam a necessidade de colo.

Pôr coisas na boca

Fase que acontece por volta de 1 ano de idade, dura mais ou menos três meses e está ligada à experimentação do ambiente externo. Faz parte da delimitação da área ambiente e da patologia estrutural do narcisismo (vide o volume II desta coleção).

O ato de pôr as coisas na boca acontece independentemente dos cuidados da mãe ou cuidadora e reflete a experimentação que a criança faz em relação ao mundo que a rodeia.

Em termos técnicos, ela está separando o que não é ela do que é ela. A conduta a ser seguida é evitar que ela ponha na boca coisas perigosas ou muito sujas; mas, de preferência, deve-se permitir que ela faça suas experiências com objetos em geral. A criança não costuma comer o que põe na boca, tende apenas a experimentar as sensações.

Essa fase passa espontaneamente após cerca de três meses e o resultado disso é que a criança conseguiu um contato mais íntimo com o ambiente que a rodeia e também uma primeira noção a respeito do seu tamanho e do tamanho do mundo.

Tanto que, depois isso, é comum aparecerem alguns medos que até então não existiam. Esses medos aparecem entre 1 ano e meio e 2 anos, e são resultado da percepção que a criança começa a ter de sua pequenez diante do mundo. Elas temem o barulho do caminhão de lixo, do liquidificador, lugares grandes, muito movimento, palhaços, "bicho feio" etc.

A tendência dos pais costuma ser explicativa, buscando esclarecer à criança que aquilo não constitui perigo. Isso em geral não funciona, pois o medo é da sensação de desproteção e desamparo. O enfrentamento desse medo é uma postura de imposição perante o mundo.

O ideal, nesses casos, é dar um modelo de proteção, como gritar junto com ele: "Sai prá lá, seu bicho feio! Não amole o Zezinho!", "Vai embora, seu caminhão barulhento bobo!" etc.

Retirada da fralda e controle de esfíncteres

Não devemos confundir o controle de esfíncteres com a retirada da fralda. Embora essa observação pareça óbvia, na prática causa alguma confusão.

O controle de esfíncteres acontece por volta dos 2 anos e está ligado ao controle das vontades (vide o modelo de urinador no volume I desta coleção).

A fralda é uma comodidade para os pais, e o controle dos esfíncteres acontece com ou sem ela. Outra confusão comum é que o controle dos esfíncteres não tem nada que ver com os hábitos de higiene, como fazer xixi ou cocô no penico ou na privada.

Essa diferenciação é importante, pois é normal ouvir de atendentes de berçário, comadres, amigas e até de pessoas mais graduadas pérolas como: "Se você não tirar a fralda, seu filho não vai conseguir controlar os esfíncteres", ou "Tem que tirar logo a fralda para a criança aprender a controlar o esfíncter", e outras idiotices do gênero.

Dessa maneira, acabamos por ter uma mãe alucinada correndo atrás da criança com um penico na mão, achando que se ela não fizer isso o pobre infeliz não vai conseguir controlar seus esfíncteres. Tal situação gera uma mãe estressada e uma criança atormentada. O esfíncter será controlado no seu devido tempo, com ou sem a interferência da mãe.

Obediência e desobediência na fase cenestésica

A fase de desenvolvimento cenestésica termina por volta de 2 anos e meio, depois do controle dos esfíncteres e do advento dos rudimentos do ego.

Até lá, a criança tem muito pouco controle sobre seus impulsos e sobre suas vontades. Isso quer dizer que, mesmo sendo advertida de que não deve derramar o vidro de perfume no chão, brincar na borda da piscina, pôr o dedo na chama da vela, brincar com o controle da televisão ou dezenas de outros nãos ditos diariamente, ela não tem capacidade física de autocontenção. Ela necessita ser contida, e não reprimida nem punida! Embora nessa fase ela entenda o significado da palavra "não", ainda não tem maturidade neurológica (controle dos impulsos/esfíncteres) que lhe permita o processo de autocontinência.

Muitos pais, ignorantes do fato, acham que a criança não se contém porque é desobediente, e passam a reprimir ou até mesmo a punir com a certeza de estar, assim, educando seu filho. Ledo engano embasado na ignorância: estão se estressando e traumatizando seu filho. Nessa fase, o ideal é dizer o "não" e conter a criança até que ela, com seus 3 anos de idade, consiga se autoconter.

PSICOTERAPIA COM IDOSOS

Com o aumento da expectativa de vida e a diminuição do preconceito com a chamada terceira idade, cada vez mais os idosos têm procurado psicoterapia. A terapia com eles tem algumas peculiaridades que a tornam diferente da aplicada a adultos.

Os adultos que procuram um processo de psicoterapia normalmente estão na faixa etária de adultos jovens (por volta de 20 anos) até a meia-idade ou além dela (mais ou menos 60 anos). Consideramos idosos os que estão na casa dos 75 anos.

Os adultos vêm para a terapia com uma história de passado e com uma expectativa de futuro. O trabalho consiste em corrigir e resgatar o material excluído no passado para um melhor aproveitamento das relações futuras.

Os idosos vêm para a terapia com um enorme passado e uma expectativa de futuro bastante limitada.

As principais angústias do cliente idoso podem ser divididas em três grandes grupos:

Angústia circunstancial – São problemas de angústia real: conflitos familiares atuais gerados pela idade, problemas financeiros, ociosidade, falta de opções de trabalho ou de lazer, necessidade de cuidados extras, doenças, perda da capacidade física e intelectual e muitos outros. Uma vez identificados como situações de angústia circunstancial, cabe ao terapeuta orientar, instruir, conduzir, mobilizar toda a parte sadia possível do idoso e os recursos familiares, sociais e médicos disponíveis para resolver a angústia.

Angústia existencial – São problemas ligados à adequação do projeto de vida à realidade atual, à idade e à condição física desse idoso. Não é incomum que o cliente, ao ficar velho, se entregue e não faça mais nenhum projeto de vida futura. Muitas vezes é uma entrega prematura, pois esse indivíduo tem saúde suficiente para organizar projetos ligados à terceira idade. Em outras, o cliente não aceita abandonar seus projetos de vida, mesmo que seu corpo e sua idade não sejam mais compatíveis com eles. Cabe ao terapeuta, nesses casos, ajudar o cliente a criar um projeto de vida para a terceira idade ou então auxiliá-lo a reformular seus projetos, adequando-os à sua situação atual. Todo esse processo implica pesquisar as motivações básicas e as referências principais do cliente e utilizá-las em projetos compatíveis.

Angústia patológica – Grande parte da angústia patológica, na terapia de idosos, está relacionada à *depressão de constatação*. Como já dissemos, o idoso tem uma perspectiva mais curta de futuro, mas carrega um longo passado. Em outras palavras, grande parte dos conteúdos abordados na terapia do idoso refere-se ao que já foi feito e vivido. Esse passado está cheio de recordações, tanto boas como ruins. Dentre as ruins, vamos encontrar uma série de constatações de oportunidades perdidas, injustiças sofridas ou cometidas, arrependimentos, raivas engolidas, culpas, inadequações, mal-entendidos, e uma longa série de posturas e atitudes que aos olhos do presente poderiam ter sido diferentes. Essas constatações costumam atormentar a velhice e geram estados de angústia. Uma vez identificados, esses conteúdos devem ser descarregados – em forma de cenas de descarga, feitas pelo cliente ou pelo terapeuta (descarga na técnica de espelho), e dirigidas para os personagens envolvidos, independentemente de estarem vivos ou mortos.

Os conteúdos descarregados nas cenas de descarga são, muitas vezes, pedidos de desculpas, mágoas e raivas contidas, conclusões alcançadas, arrependimentos, entendimentos etc. Tais cenas aliviam os sentimentos e o psiquismo do idoso e permitem uma velhice mais tranquila e serena.

A INTERAÇÃO CONJUNTA E A INDIVIDUALIDADE NO CASAMENTO

Independentemente do tipo de estruturação do vínculo conjugal[1] (Dias, 2000), todos os casamentos apresentam uma área compartilhada (nós) e uma área individualizada (Eu).

O equilíbrio entre o nós e o Eu vai determinar estruturas de casamento que vão desde as relações mais asfixiantes, nas quais tudo é compartilhado e a individualidade quase não existe, até estruturas mais frouxas, nas quais muito pouco é compartilhado e a individualidade se sobrepõe ao conjugal.

É óbvio que no casamento equilibrado existe uma boa área compartilhada (planos, projetos, responsabilidades, deveres, direitos, acordos etc.), mas também lugar para as individualidades de cada um dos parceiros, como representado na Figura 3. Isso é conseguido por meio de acordos e consensos e faz parte do *vínculo de conveniência* do casal.

Num dos extremos (Figura 2), encontramos casamentos nos quais a relação de individualidade dos parceiros excede, em muito, a parte compartilhada. Existem poucos projetos conjuntos e poucos acordos sobre os direitos, deveres e responsabilidades da relação. É como se fosse cada um por si. É uma relação frouxa e tende a gerar um casamento instável e pouco produtivo, que pode caminhar em duas direções:

---

1. Ver: DIAS, Victor R. C. S. *Vínculo conjugal na análise psicodramática*. São Paulo: Ágora, 2000.

- Se a área compartilhada diminuir ainda mais, ele se torna um casamento nominal ou de fachada (Figura 1) e não um casamento real.
- Se a área compartilhada aumentar, ele vai se transformando num casamento real e bem equilibrado (Figura 3).

Outro tipo de casamento é aquele cuja área compartilhada é grande, mas sobra espaço para as individualidades dos parceiros (Figura 3). É o melhor tipo de casamento, pois a parte conjunta é suficientemente forte para sustentar os acordos, responsabilidades e projetos conjugais, e a parte individualizada permite um constante aporte de vivências que, além de desenvolver cada parceiro como pessoa, também enriquece a parte compartilhada. É um casamento estável e muito produtivo, que pode caminhar em duas direções:

- Se houver uma diminuição da área compartilhada, ele pode caminhar para um casamento como o da Figura 2.
- Se houver um grande aumento da área compartilhada, ele pode caminhar para um casamento do tipo descrito na Figura 4.

Outro extremo de casamento é o da Figura 4, em que a área compartilhada é tão grande que a área individual fica extremamente restrita. É uma situação na qual os parceiros passam a viver quase exclusivamente em função do casamento, o que tende a empobrecer o crescimento individual. Embora estável e produtivo, pode se tornar asfixiante e levar a um empobrecimento da própria relação.

A relação pode estacionar nessa posição ou caminhar para uma posição intermediária (Figura 3), com diminuição da área conjugal e aumento da individualidade dos parceiros.

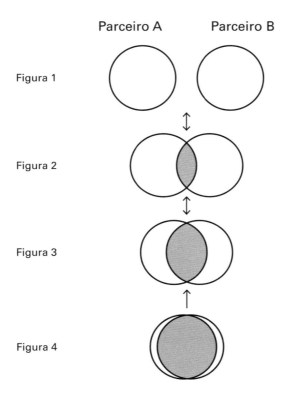

Tipos de casamento

▨ → Área compartilhada ou conjugal
☐ → Área de privacidade individual

3. As defesas de evitação na análise psicodramática

FLAVIA JARDIM RODRIGUES

O objetivo deste capítulo é analisar os mecanismos das *defesas de evitação* sob a ótica da análise psicodramática, teoria de abordagem psicológica criada pelo dr. Victor R. C. Silva Dias.

No primeiro volume desta coleção, foi utilizado o nome *defesas conscientes*. Esse nome foi posteriormente modificado para *defesas de evitação*, para evitar confusão com a terminologia correlata utilizada pela psicanálise.

Para o bom entendimento do conceito de *defesas de evitação* da análise psicodramática, é necessária uma breve explicação a respeito dos mecanismos defensivos psicanalíticos. A teoria psicanalítica identifica uma série de mecanismos de defesa do psiquismo. Em função do conceito discutido neste capítulo, destaco especificamente as racionalizações e as justificativas denominadas, na psicanálise, defesas egoicas, compreendidas como processos inconscientes.

A teoria da análise psicodramática considera mecanismos defensivos conscientes: as emoções reativas, as evitações deliberadas, as evitações intuitivas e as racionalizações/justificativas.

As defesas de evitação, como o próprio nome diz, são mecanismos psíquicos conscientes ou parcialmente conscientes que evitam que o Eu consciente do indivíduo entre em contato com material (sentimentos, vivências, pensamentos, percepções e intenções) capaz de ativar material excluído tanto da 1ª como da 2ª zona de exclusão. Dessa maneira, a angústia patológica ligada a esses conflitos também é evitada.

Farei uma analogia do psiquismo do indivíduo com uma longa estrada na qual aparecem diversos desvios, pequenos caminhos ou atalhos que vão sendo transitados no decorrer da vida. Cada vez que passamos por esses caminhos, entramos em contato com as vivências neles contidas.

Muitas vezes, o indivíduo evita determinados caminhos e estes passam a não ser explorados. A evitação pode acontecer de forma consciente, pouco consciente ou intuitiva, mas os conteúdos desse braço do caminho vão ficando de fora do Eu consciente da pessoa.

Em decorrência disso, o caminho não percorrido acaba criando uma camuflagem que oculta a entrada para determinada área do psiquismo. Esse material evitado não é explorado nem reconhecido pelo cliente.

Com o passar do tempo, esse desvio vai ficando despercebido, encoberto, como se nunca tivesse existido.

Na verdade, a entrada por esse caminho está e sempre esteve lá, mas encontra-se camuflada pelas defesas de evitação.

Podemos comparar as defesas de evitação a um sistema de camuflagem que esconde as entradas de acesso a uma série de conteúdos ligados ao material das zonas de exclusão.

A título de recordação, temos o esquema de sistematização do comportamento da angústia patológica de acordo com a teoria da análise psicodramática. Esse esquema foi apresentado pelo dr. Victor Dias no curso de reciclagem em Psicopatologia e Psicodinâmica da Análise Psicodramática, realizado em março de 2011:

DEFESAS	ANGÚSTIA PATOLÓGICA
Somatização	Transformada em sintoma
Distúrbio funcional	Descarregada
Defesas intrapsíquicas	Retida no indivíduo
Defesas dissociativas	Flutuante
Defesas projetivas	Na relação interpessoal
Defesas de evitação	Evitada

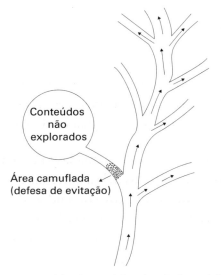

Representação esquemática dos caminhos do psiquismo. A área camuflada (defesa de evitação) faz que o indivíduo nunca explore os conteúdos daquele caminho.

DEFESAS DE EVITAÇÃO

Procedimento que o indivíduo utiliza para evitar o contato com material conflitado que dá acesso ao material excluído de 1ª ou 2ª zona de exclusão. Em consequência, há o bloqueio do processo de autoquestionamento.

As defesas de evitação têm vários níveis de consciência e atuam no psiquismo organizado e diferenciado (POD). Evitam o questionamento das contradições e dificultam a mobilização da angústia patológica. Quanto aos diversos níveis de consciência, pode haver material que já passou pela consciência e encontra-se hoje encoberto, material que está na esfera do pré-consciente, próximo de ser evidenciado, e material totalmente consciente com o qual o indivíduo, de propósito, evita o contato.

Na análise psicodramática, consideramos quatro tipos de defesas de evitação:

- defesas de emoções reativas (grau variável de consciência);
- defesas de evitação deliberada (conscientes);
- defesas de evitação intuitiva (grau variável de consciência);
- racionalizações e justificativas (grau variável de consciência).

Todas as defesas psíquicas são atuadas tanto na vida como no *setting* terapêutico. Muitas delas, entretanto, só aparecem no *setting* quando determinados conteúdos são abordados. As defesas de evitação são as que mais estão presentes no cotidiano da vida; o cliente chega à psicoterapia com essas defesas já firmemente instaladas.

Defesas de emoções reativas

Nas defesas de emoções reativas, o indivíduo, em suas comunicações, manifesta sentimentos (sentimento manifesto) que estão permanentemente em desacordo com o conteúdo da mensagem em questão. Os verdadeiros sentimentos – que estão de acordo com o conteúdo da comunicação – ficam encobertos (sentimento latente).

O indivíduo fica desconectado de seus reais sentimentos, existe um desencontro entre o que ele diz e o que sente. A consciência desse desencontro é variável, isto é, ele tem alguma consciência de que não está expressando o real sentimento, mas não se questiona sobre isso.

O discurso do indivíduo em geral é falho, pois o sentimento manifestado – muitas vezes de maneira veemente – está em desacordo com a situação e com o conteúdo do que é dito. É como se a pessoa precisasse se convencer de que o que está sendo expresso é verdadeiro. Isso causa uma sensação de estranheza no interlocutor, como se houvesse alguma coisa falsa ou desencaixada no discurso.

Alguns exemplos comuns são:

Expressão do sentimento de raiva (manifesto) no lugar do sentimento real de tristeza, medo ou impotência (latente) – Nesses casos, o indivíduo manifesta raiva e revolta, mas o conteúdo de seu discurso é de tristeza, medo ou impotência. Dizemos que o sentimento de raiva expresso é uma *defesa de emoção reativa*, pois esconde e camufla, para o próprio indivíduo, os conteúdos ligados à tristeza, ao medo e à impotência. O sentimento reativo vem sempre misturado com a angústia.

Expressão da alegria no lugar do sentimento real de tristeza ou de constrangimento – A fala do indivíduo é divertida ou muito alegre (eufórica), evitando assim o contato com o sentimento real. Nesses casos, dizemos que essa alegria é uma defesa de emoção reativa que está camuflando o sentimento real.

Expressão de piedade e comiseração no lugar do sentimento real de hostilidade, inveja, competição ou vingança – A fala do indivíduo é carregada de pesar e de compreensão, mas o conteúdo do discurso é hostil e vingativo. Nesses casos, dizemos que a piedade é uma defesa de emoção reativa.

Assim, podemos dizer que as mensagens nas quais existe uma defesa de emoção reativa são, na verdade, duas mensagens:

- A mensagem expressa, com o sentimento expresso (sentimento manifesto) em desacordo com o conteúdo da mensagem e uma dose de angústia misturada com o sentimento.
- Uma segunda mensagem, em que o sentimento expresso (sentimento latente) seria compatível com o conteúdo da mensagem e a angústia não estaria misturada com o sentimento, mas ligada à percepção da verdadeira intenção da mensagem.

Dessa maneira, a mensagem manifesta encobre a mensagem latente e a verdadeira intenção do indivíduo é camuflada.

Assim, asseguramos que a parte consciente desse discurso se configura no conteúdo manifesto: a mensagem manifesta não entra em choque com o conceito de identidade daquele indivíduo.

Por exemplo, ser piedoso, caridoso ou extremamente alegre não se choca com seu conceito de identidade, apesar de não serem os verdadeiros sentimentos em questão.

Da mesma maneira, podemos afirmar que a mensagem latente vai se chocar com o conceito de identidade do indivíduo. Em outras palavras, quando a pessoa constata que tem um lado impotente, triste, hostil, invejoso, vingativo etc., isso mobiliza conteúdos que se acham encobertos e camuflados dentro do seu conceito de Eu.

Estratégia psicoterápica

- Identificação da defesa de emoção reativa. A identificação é feita por meio da observação do contraste sistemático entre o sentimento manifesto e o conteúdo do discurso do cliente. Acompanhando esse contraste, observa-se também a presença de uma angústia patológica desproporcional dentro das falas.
- Denúncia da defesa. A denúncia é feita por meio do esclarecimento de que o sentimento manifesto não está de acordo com o conteúdo da mensagem.
- Trabalho psicoterápico da mensagem manifesta e da mensagem latente. Esse trabalho é feito com a técnica do espelho com a cena de descarga. Em primeiro lugar, se faz o espelho que retira com a cena de descarga da mensagem manifesta. Em seguida, se faz um espelho com a técnica do duplo e a cena de descarga, substituindo o sentimento manifesto pelo sentimento latente que condiz com o conteúdo da mensagem. (Vide o capítulo "Cenas de descarga" no volume III desta coleção.)
- Trabalho com os conteúdos mobilizados no cliente, que durante esse tempo estava na posição de observador de si mesmo.

Defesas de evitação deliberada

É a postura deliberada de evitar, tanto na vida como no setting terapêutico, situações ou temas que possam desencadear determinadas vivências – que, dessa forma, são impedidas.

Utilizando a analogia feita anteriormente, podemos dizer que esse determinado atalho na estrada da vida é evitado e, de tanto isso acontecer, tal evitação torna-se habitual (camuflada) e o indivíduo acaba por se esquecer dessas possibilidades.

Essa evitação deliberada está ligada à intuição ou mesmo ao conhecimento de que determinadas situações poderão desencadear vivências temidas (cenas temidas) que acabam por ameaçar o conceito de identidade vigente.

O indivíduo tem consciência do que evita. Muitas vezes, em situações sociais, quando surge o tema evitado, ele omite suas opiniões, muda rápido de assunto ou simplesmente se afasta do grupo. Pode utilizar recursos de dissimulação e outras posturas que, em resumo, chegam ao mesmo resultado: a fuga.

No *setting* terapêutico, a defesa de evitação deliberada aparece como postura de ignorar determinados temas – ou, se por acaso eles surgem, tenta-se evitá-los.

Os temas omitidos na evitação deliberada não causam conflitos internos do tipo: "Preciso falar, mas não quero porque tenho vergonha", ou "Não confio", ou "Vou ser julgado" etc. Ao contrário, a angústia é a de ser obrigado, pelas circunstâncias, a ter de abordar esses temas. Só nessas situações é que eles se tornam conflitos internos.

O material omitido na evitação deliberada é tratado como se não existisse ou não fosse problema. São comuns evitações deliberadas de temas relacionados com dinheiro, incesto na comunidade de irmãos, fantasias e devaneios em geral, sexualidade, dinâmicas conjugais etc.

Na verdade, a evitação do tema é a forma de não fornecer pistas que possibilitem a mobilização do material excluído. Em nossa analogia, seria não fornecer pistas sobre a entrada do desvio da estrada para não ter de percorrê-lo.

Às vezes, essa defesa de evitação deliberada é tão intensa que o material fica "apagado" – não aparece nem em sonhos, ou então o cliente não lembra da parte do sonho na qual existe pista para esse material.

Em síntese, na terapia, observamos o fenômeno da defesa de evitação deliberada de duas maneiras:

- nem passa pela cabeça do cliente trazer determinados temas – que, de tão evitados, acabam sendo apagados dentro do psiquismo;
- o cliente sabe que está evitando um tema e lembra-se constantemente de não falar sobre ele.

De qualquer modo, isso não causa um conflito. É uma decisão consciente e deliberada.

Um exemplo folclórico é o do cliente que chega à sessão falando: "Vim o caminho todo lembrando do tema que não quero abordar na terapia".

Estratégia psicoterápica

O principal manejo é verbal, pois diante dessa defesa é improdutivo o trabalho com técnicas. Uma vez identificado o tema omitido, o terapeuta deve pesquisar os motivos da evitação e o que o cliente alega como perigos ou riscos na abordagem do tema. Quando o cliente sabe, mas assim mesmo não quer trabalhar o tema em questão, não se instala a aliança terapêutica (concordância entre cliente e terapeuta). É inútil o terapeuta pressioná-lo. A postura do cliente deve ser respeitada, e deve-se continuar a trabalhar os temas e as dinâmicas do processo. O tema evitado só pode ser trabalhado quando o cliente se dispuser a isso.

Como a evitação é consciente e deliberada, é necessária uma autorização também consciente e deliberada por parte do cliente para que o tema seja trabalhado de forma proveitosa na terapia.

Defesas de evitação intuitiva

Postura, com graus variáveis de consciência, de não abordar determinados temas ou não participar de determinadas situações na vida como forma intuitiva de evitar a mobilização de certos conteúdos.

Na defesa de evitação intuitiva, o indivíduo não tem uma postura tão rígida quanto a da evitação deliberada para esquivar-se dos temas ou situações. Ele simplesmente acha que estes não valem a pena ou não constituem problemas. Na verdade, ele nega a possível importância de evitar as situações ou até mesmo elas próprias.

O indivíduo não se nega a participar de determinadas situações ou discutir certos temas, mesmo que isso não seja confortável. Muitas vezes, nem se sente ameaçado; apenas percebe algum mal-estar – intui, de alguma maneira, que pode sentir-se angustiado ou incomodado ao participar dessas situações. Em geral, releva esses episódios e não dá a eles a devida atenção.

Na defesa de evitação intuitiva, observamos vários graus de consciência, o que implica maior ou menor dificuldade de abordá-los.

No *setting* terapêutico, o cliente apresenta resistência a falar sobre determinado(s) tema(s). Geralmente, existe uma cobrança interna ou pelo menos uma lembrança de que certo tema deve ser levado para a terapia, mas é como se houvesse sempre algo mais importante ou premente para ser abordado. Desse modo, o tema é postergado, fica para depois, é sempre "esquecido".

No início do processo psicoterápico, as defesas de evitação intuitiva ocorrem, em geral, para evitar o questionamento de determinados temas. Mais no final da terapia, elas tendem a ocorrer para evitar temas polêmicos capazes de implicar necessidade de mudanças reais no mundo externo do indivíduo ou de desencadear o rompimento de vínculos compensatórios.

ESTRATÉGIA PSICOTERÁPICA

Diante das defesas de evitação intuitiva instaladas no *setting*, o terapeuta mais sente do que percebe a situação. Sua sensação é a de que existe um esvaziamento inexplicável dos conteúdos trabalhados. Se esse estado de coisas persistir, o terapeuta deve comentar suas sensações e perguntar ao cliente se existe algum tipo de tema que ele possa estar evitando.

Caso a resposta seja afirmativa, é melhor discutir os motivos da evitação e trabalhar o tema em questão. Caso o cliente não queira abordá-lo (a evitação intuitiva se torna uma evitação deliberada), sua decisão deve ser respeitada, mesmo que frustre as expectativas do terapeuta.

Racionalizações e justificativas

Racionalizações e justificativas são atividades normais dos processos mentais do ser humano na tentativa de explicar os fatos ou justificar necessidades e atitudes.

É uma característica inerente da atividade mental do ser humano a necessidade de explicar os fenômenos, os comportamentos e todo o mundo que nos rodeia, bem como a necessidade de justificar e comprovar a veracidade de seus conceitos, atitudes e intenções.

As racionalizações e as justificativas se tornam mecanismos defensivos quando passam a evitar as verdadeiras explicações e/ou justificativas. Dessa maneira, o indivíduo passa a utilizar seus recursos mentais de racionalização para evitar o contato com contradições e intenções que possam mobilizar conteúdos tanto de 1ª como de 2ª zona de exclusão. Ao manter esses conteúdos evitados, ele também evita a angústia patológica gerada por eles.

Justificativas são alegações que o indivíduo utiliza para ratificar, comprovar e afirmar suas crenças e convicções em seus procedimentos, condutas ou intenções. Elas se tornam mecanismos defensivos quando estão carregadas de angústia e ansiedade, são repetidas de forma exaustiva e parecem ser uma tentativa do indivíduo de convencer a si mesmo. Quando isso acontece, essas justificativas visam evitar o contato com as contradições que existem dentro do conceito de identidade e acionariam a mobilização do material excluído.

As racionalizações, por sua vez, são construções teóricas mais elaboradas, centradas num conjunto de crenças e valores que o indivíduo utiliza para formatar seu conceito de identidade, seu chão psicológico. Elas se tornam mecanismos defensivos quando passam a ser utilizadas para evitar conteúdos (vivências, sentimentos, percepções explicações e intenções) capazes de possibilitar o contato com material excluído. Assim como as justificativas, as racionalizações defensivas vêm carregadas de angústia e são citadas de maneira frequente e de forma veemente, parecendo não convencer o próprio sujeito. Evitam o contato com a angústia patológica.

No processo psicoterápico, as racionalizações e justificativas aparecem no *setting* de forma constante para evitar o questionamento e o aprofundamento do processo. Quando se tornam muito intensas, dizemos que isso constitui uma *exacerbação do POD* ou uma *exacerbação do conceito de identidade*. O cliente permanece entrincheirado e defendido nas suas racionalizações e justificativas, que só cedem com o auxílio de técnicas psicoterápicas de questionamento, que veremos adiante.

As racionalizações e as justificativas fazem parte do conceito de identidade do indivíduo e estão presentes como *material justificado* – que, embora contraditório, pode permanecer no POD enquanto estiver ligado às racionalizações e às justificativas.

As racionalizações e as justificativas são processos mentais e estão muito interligadas. Por isso, a partir de agora, vamos tratá-las como se fossem uma só: racionalizações.

Estas são divididas, na análise psicodramática, em duas grandes categorias:

- racionalizações construídas pelo próprio indivíduo;
- racionalizações adquiridas prontas.

RACIONALIZAÇÕES CONSTRUÍDAS PELO PRÓPRIO INDIVÍDUO

Como já dissemos, existe em nós uma necessidade constante de explicações para encontrar sentido em nosso mundo de experiências; uma procura de respostas para nossas expectativas e nossas angústias, nossos sentimentos e nossos comportamentos.

Essas explicações, muitas vezes, demandam a conscientização e a aceitação de conteúdos (sentimentos, intenções, pensamentos, percepções etc.) que estão censurados ou reprimidos por conceitos morais adquiridos ou modelos internalizados durante nossa educação, e se encontram excluídos e depositados tanto na 1ª como na 2ª zona de exclusão.

Assim, o indivíduo se encontra num impasse em que, por um lado, necessita de algum tipo de resposta e, por outro, não tem como acessar a real explicação.

A solução encontrada é utilizar todo o seu potencial intelectual para gerar algum tipo de resposta que, embora seja falsa, sirva para acalmar a necessidade de se explicar. Em outras palavras, que sirva como uma boa "desculpa"!

A racionalização utilizada como defesa de evitação não é simples. Ela envolve uma série de explicações e justificativas e, às vezes, um grande construto teórico de difícil questionamento. Quando uma premissa é questionada, já existe outra para substituí-la e assim por diante. O indivíduo cria verdadeiras teorias para se convencer – ou, podemos dizer, se iludir – de que as coisas são como ele quer que elas sejam e não como elas verdadeiramente são. Nesses casos, notamos sempre uma nítida e angustiada preocupação em convencer seu interlocutor de suas teses – o que, no fundo, não passa de tentativa de autoconvencimento sobre algo que, de alguma maneira, ele intui não ser tão verdadeiro.

Esse indivíduo "construiu com a própria cabeça" suas racionalizações, buscou referências em seu conceito de identidade para elaborar essas racionalizações. Portanto, existe uma parte saudável e preservada do verdadeiro Eu, que é diferente de quando as racionalizações são adquiridas prontas.

Racionalizações adquiridas prontas

Dizemos que o indivíduo adquiriu uma racionalização pronta quando ele adota alguma doutrina, já formulada, com a intenção de evitar os próprios questionamentos.

Qualquer doutrina pode ser utilizada com essa finalidade. *As mais comuns são as políticas, as filosóficas e as religiosas.*

Nesses casos, o indivíduo passa a pautar suas explicações pelas referências da doutrina e não pelas próprias referências; ele passa a pensar com o manual da doutrina e não com a própria cabeça. Isso embota seu conceito de identidade e caminha para uma situação de fanatismo.

Assim, fanático é o indivíduo que passa a utilizar a ideologia da doutrina como substituta do seu conceito de identidade e não consegue mais pensar com a própria cabeça, apenas segue o manual indicado por seu líder ou guru.

Nesses casos, a racionalização virou um rótulo de identidade no lugar de um conceito de identidade.

Isso pode constituir um caso psicológico muito grave, a ponto de o indivíduo passar a ter a vida dirigida pelos preceitos da doutrina e não por seus sentimentos, pensamentos, valores, percepções e intenções. O verdadeiro Eu fica anulado e amortecido.

Tudo passa a ser explicado pela racionalização:

"Não progrido profissionalmente por culpa do sistema capitalista e da elite burguesa que domina o país."

"Espanquei minha mulher porque fui dominado pelo satanás."

"O prazer sexual e a luxúria são coisas do demônio e pecado mortal."

"Não adianta lutar por nada porque o destino já está escrito e o ser humano é frustrado."

"Matei todos eles porque são infiéis e pecadores."

"Preciso aceitar tudo isso porque tenho dívidas da minha vida passada."

E inúmeras outras pérolas, para evitar o contato com a incompetência, com a raiva, com o desejo, com a falta de ambição, com o ódio, com a passividade etc.

Estratégia psicoterápica

Nas racionalizações feitas pelo próprio indivíduo, o objetivo estratégico é questioná-las para que a verdadeira contradição apareça. À medida que abordamos a verdadeira contradição, passamos a procurar a real explicação cujo conteúdo está no material depositado nas zonas de exclusão. Esse trabalho já faz parte das divisões internas.

Como as defesas de racionalização feitas pelo próprio indivíduo não anulam nem amortecem o verdadeiro Eu, o questionamento é feito apoiado na parte sadia do conceito de identidade do indivíduo.

As técnicas psicoterápicas mais utilizadas são:

- questionamento direto;
- entrevista e questionamento dos personagens;
- princípio do espelho;
- átomo de crise e átomo familiar;
- espelho com questionamento;
- espelho com cenas de descarga.

(A descrição de cada uma dessas técnicas pode ser encontrada nos outros volumes desta coleção.)

Em casos clínicos que envolvem as racionalizações adquiridas prontas, necessitamos uma preparação para o desmonte.

Como já vimos, as racionalizações adquiridas (políticas, filosóficas, religiosas, espirituais etc.) acabam por substituir o conceito de identidade do indivíduo e anular e amortecer seu verdadeiro Eu. Desse modo, não temos parte sadia suficiente, no conceito de identidade do indivíduo, para iniciar um questionamento direto.

Precisamos de um trabalho preliminar para reconstruir ou mesmo construir um conceito de identidade, que está amortecido e anulado, ao mesmo tempo que trabalhamos para desmontar os aspectos doutrinários que estão a serviço da defesa de evitação.

No tratamento psicoterápico, é necessário que as substituições sejam feitas de maneira cautelosa, pois para cada conteúdo doutrinário desconstruído das racionalizações adquiridas é preciso desenvolver conteúdos do próprio indivíduo centrados em sua intuição, suas vontades, seus sentimentos, pensamentos e percepções. Enfim, centrados em seu verdadeiro Eu. Se o desmonte das defesas de racionalização adquiridas for muito abrupto, sem os cuidados de mobilizar os conteúdos mais intuitivos e de vontades do cliente, podem acontecer várias situações:

- Corte na relação terapeuta-cliente, com abandono do tratamento.

- Colapso do que resta do conceito de identidade e estabelecimento de uma síndrome do pânico. Lembremos que esta é originada pelo rompimento abrupto do conceito de identidade.

- Aparecimento de uma sensação de "vazio de referências", pela falta da orientação doutrinária. Esse vazio gera uma sensação de "estar perdido na vida", estar "sem rumo", que pode ocasionar decisões intempestivas e danosas.

- Retirada muito rápida dos mecanismos de contenção (superegoicos), favorecendo uma liberação descontrolada dos impulsos e dos sentimentos menos nobres (atuações) advindos de instâncias mais profundas do Eu (id). Em linguagem psicanalítica, seria a retirada brusca de conteúdos superegoicos e a liberação dos conteúdos do id sem o devido desenvolvimento das funções egoicas.

No caso das doutrinas religiosas, ver o manejo de desmonte no Capítulo 2 deste livro.

REFERÊNCIAS BIBLIOGRÁFICAS

CARVALHO, Uyratan de. *Psicanálise I*. Rio de Janeiro: SPOB, 2000.

DIAS, Victor R. C. S. *Análise psicodramática – Teoria da programação cenestésica*. São Paulo: Ágora, 1994.

_____. *Psicopatologia e psicodinâmica na análise psicodramática*. v. I. São Paulo: Ágora, 2006.

DIAS, Victor R. C. S.; SILVA, V. A. *Psicopatologia e psicodinâmica na análise psicodramática*. v. II. São Paulo: Ágora, 2008.

DIAS, Victor R. C. S. e cols. *Psicopatologia e psicodinâmica na análise psicodramática*. v. III. São Paulo: Ágora, 2010.

FENICHEL, O. *Teoria psicanalítica das neuroses*. São Paulo: Atheneu, 2000.

GREENSON, R. R. *A técnica e a prática da psicanálise*. Rio de Janeiro: Imago, 1981.

HENRY, Ey *et al*. *Manual de psiquiatria*. 5. ed. Rio de Janeiro: Masson/Atheneu, 1978.

LAPLANCHE, J.; PONTALIS, J. B. *Vocabulário de psicanálise*. São Paulo: Martins Fontes, 2000.

MECANISMOS de defesa. Disponível em <http://pt.wikipedia.org/wiki>. Categoria: Psicologia clínica.

TINCQ, H. *As grandes religiões do mundo – Cronologia, história, doutrinas*. Lisboa: Texto & Grafia, 2010.

4. Os desvios sexuais no enfoque da análise psicodramática

WALDEMAR MENDES DE OLIVEIRA JÚNIOR

Antes de apresentarmos a visão psicodinâmica que a análise psicodramática tem dos desvios sexuais, faremos uma breve introdução sobre como a psiquiatria e a psicologia concebem esse tipo de problema.

A psiquiatria moderna define os desvios sexuais – chamados *parafilias* ou *transtornos da preferência sexual* – como atividades, comportamentos, impulsos e fantasias sexuais repetitivos, recorrentes e sexualmente excitantes que envolvem: objetos não humanos (fetiches ou animais, por exemplo); crianças (pedofilia); indivíduos sem o próprio consentimento (*frotteurismo*, que significa roçar os genitais em alguém – por exemplo, num ônibus lotado); exibicionismo; voyeurismo; sofrimento e/ou humilhação provocados ou sofridos (sadomasoquismo). Por definição, esses comportamentos devem estar presentes num indivíduo por seis meses ou mais para que o médico possa realizar o diagnóstico. Outro critério diagnóstico necessário é que esses comportamentos devem provocar acentuado sofrimento psicológico ou algum tipo de prejuízo na área social, ocupacional ou em outras áreas importantes do funcionamento do indivíduo (American Psychiatric Association – APA, 2000). A Tabela 1 (ver p. 95) apresenta os principais tipos de parafilia.

Alguns dos indivíduos com diagnóstico de parafilia conseguem apenas se relacionar sexualmente com a presença do estímulo parafílico, sem o qual não obtêm satisfação com o ato sexual. Na ausência desse estímulo, podem apresentar dificuldades de ereção ou nem ter desejo para praticar sexo. Por outro lado, alguns indivíduos apresentam esses comportamentos apenas episodicamente, em geral quando se encontram mais angustiados ou estressados. Em outras situações, conseguem ter um comportamento sexual convencional. Estatísticas mostram que 50% dos perpetradores de crimes sexuais como pedofilia são casados (APA, 2000).

Para que haja o diagnóstico positivo de alguns tipos de parafilia, como a pedofilia, o voyeurismo, o exibicionismo ou o *frotteurismo*, basta o indivíduo atuar sobre esses impulsos, ou seja, praticar os atos ou apenas ter as fantasias sexuais excitantes e, com isso, sofrer ou apresentar dificuldades de relacionamento. Já para outras parafilias, o diagnóstico é positivo apenas se os impulsos ou fantasias produzem algum tipo de sofrimento pessoal ou de dificuldades de relacionamento, e quando não se trata apenas de variações do espectro da normalidade (por exemplo, casais que de vez em quando utilizam fantasias sexuais sadomasoquistas para sair da rotina de uma vida sexual).

Tabela 1 – Principais tipos de parafilia e suas características [1]

Exibicionismo (302.4)	Exposição dos genitais para pessoas estranhas desavisadas (*não* é a mesma coisa que urinar em público).
Fetichismo (302.81)	Uso de objetos inanimados como maneira preferencialmente repetida ou exclusiva de obter excitação sexual (p. ex., artigos de couro, roupas íntimas, tecidos, calçados). (Observação: se a roupa feminina é usada em *cross-dressing* ou travestismo [ver abaixo] ou os dispositivos são usados para estimular diretamente os genitais [p. ex., vibrador], isso não é considerado fetichismo.)
Frotteurismo (302.89)	Tocar ou esfregar-se em alguém sem seu consentimento.
Pedofilia (302.2)	As crianças são o alvo sexual (o perpetrador tem 16 anos ou mais e é pelo menos cinco anos mais velho que a vítima).
Masoquismo sexual (302.83)	O indivíduo sofre humilhação ou sofrimento (essa prática pode até mesmo levar à morte, em especial durante a hipoxifilia, que é excitação sexual obtida durante sufocamento provocado, em que existe diminuição dos níveis sanguíneos de oxigênio).
Sadismo sexual (302.84)	O indivíduo inflige humilhação ou sofrimento a alguém (a severidade costuma aumentar com o passar do tempo).
Fetichismo transvéstico (302.3)	Também conhecido como *cross-dressing*, que significa vestir uma roupa do outro sexo (também pode estar associado a um transtorno da identidade sexual, como o transexualismo).
Voyeurismo (302.82)	Observação de atividade sexual ou de indivíduos se despindo ou nus.
Parafilia sem outra especificação (302.9)	Miscelânea de tipos como coprofilia (fezes/defecação); clismafilia (uso de enemas); misofilia (sujeira); narratofilia (conversa erótica); escatologia telefônica (chamadas telefônicas obscenas); urofilia (urina/urinar); zoofilia (animais); necrofilia (pessoas mortas).

---

1. Adaptada de Guay (2009). Os números entre parênteses abaixo do nome das parafilias são os códigos de identificação do *Manual diagnóstico e estatístico de doenças mentais* (APA, 2000).

As principais parafilias observadas na prática clínica são a pedofilia, o exibicionismo e o voyeurismo. É comum encontrar dificuldades sexuais nesses indivíduos, tais como disfunção erétil e ejaculação precoce, além de outros problemas como transtorno de personalidade e depressão. A maioria dos que cometem atos criminosos ou atitudes passíveis de penalização são os homens. As mulheres, com mais frequência mas não exclusivamente, são diagnosticadas como masoquistas sexuais. A maior parte dos casos é diagnosticada em homens. A proporção é de 20 homens com diagnóstico de parafilia para cada mulher com o mesmo diagnóstico (APA, 2000).

As taxas de incidência e prevalência de parafilias na população são difíceis de estimar. As pessoas não costumam revelar intimidades sexuais, mesmo em pesquisas científicas – além de não quererem se expor, há também o fato de que muitos desses atos são condenáveis criminalmente. Dados indiretos podem ser obtidos com base na informação de pessoas que sofreram abuso sexual. Por exemplo, 62% das garotas e de 10% a 30% dos garotos responderam em uma pesquisa que foram abusados sexualmente durante a infância (Bradford, 1999). Em um levantamento americano realizado com 4 mil mulheres, 24% delas relataram ter mantido contato sexual com alguém cinco anos mais velho que elas quando elas tinham 14 anos ou menos (Bradford, 1999). O intercurso sexual completo ocorreu em menos de 3% dos casos, e em 31% dos casos houve apenas toques e carícias íntimas.

A perversão sexual que apresenta a maior taxa de reincidência é a pedofilia. Essa taxa, em abusos sexuais que envolvem crianças, varia de 10% a 50%, dependendo do grupo de preferência sexual de que os pedófilos fazem parte. Os pedófilos homossexuais e bissexuais são os que apresentam as maiores taxas de reincidência, 50% e 25%, respectivamente (Hall e Hall, 2007). As maiores taxas de repetição desses abusos, como esperado, ocorrem em indivíduos que se sentem atraídos por crianças mais jovens, que apresentam traços de personalidade antissocial, pouca aderência ao tratamento e maior número de interesses sexuais desviantes.

Para a psiquiatria, a etiologia das parafilias é desconhecida. A neurofisiologia da excitação sexual tem sido matéria de muita pesquisa; sabe-se que depende da ação neuronal sensorial e cognitiva, da ação hormonal e de fatores genéticos, além de derivar das complexas influências da cultura e do ambiente (Schober e Pfaff, 2007).

Diversas teorias psicológicas procuraram explicar a origem psicológica dos desvios sexuais. Cesare Lombroso, em trabalho original publicado em 1876, propôs que alguns indivíduos apresentariam um estado de reversão a uma fase evolutiva primitiva do desenvolvimento, não só psicológica mas também física. Estes apresentariam patologias criminais, anomalias e deformidades no corpo (chamadas estigmas da degeneração). Essa teoria recebeu o nome de atavismo (Lombroso e Lombroso-Ferrero, 1972).

Krafft-Ebing, em 1896, publicou um estudo no qual interpretava a psicopatologia da perversão sexual como resultado de uma degeneração inata e de fundo hereditário (Krafft--Ebing, 1965).

Freud foi quem mais se aproximou do entendimento atual dos desvios sexuais, porém com conceitos diversos dos utilizados pela análise psicodramática. Ele explicou a perversão sexual em termos intrapsíquicos, utilizando-se de conceitos como imaginação e fantasia, tanto conscientes como inconscientes. Postulou os estágios do desenvolvimento da sexualidade infantil: oral, anal, fálico e genital. Para ele, a parada do desenvolvimento ou a regressão a um estágio anterior, sem o mecanismo de repressão (defesas intrapsíquicas), foi chamada de perversão – e, quando na presença de repressão, neurose (Sulloway, 1979).

Stoller (1986) postula que as perversões sexuais são comportamentos movidos por hostilidade que, em forma de fantasia, esconde a ação (a própria perversão) que serviria para converter um trauma infantil em um triunfo do adulto. Para Kinsey *et al.* (1953), os comportamentos sexuais desviantes originam-se do aprendizado e do condicionamento, somados à influência de fatores culturais. Para Foucault (1978), os fatores socioculturais e o contexto social são fundamentais na determinação da maneira como os indivíduos veem e vivem a própria sexualidade.

A teoria da "impregnação" ou *imprinting* afirma que diversos animais, inclusive os seres humanos, são suscetíveis, durante certa etapa do desenvolvimento sexual, a desenvolver métodos de excitação sexual que ficam marcados ou impressos no repertório de excitação sexual. Assim, um jovem que se masturba em janelas pode fazer disso seu principal repertório de excitação sexual, permanecendo esse ato impresso em seu psiquismo. Sendo assim, o indivíduo passa a repetir o comportamento, seja de maneira privada (se masturbando) ou explicitamente. Na vida adulta, poderá continuar reproduzindo o comportamento de forma preferencial e repetitiva (Freund, 1997). No entanto, essa teoria, como todas as outras, não explica a razão do fenômeno, mas apenas descreve o "comportamento observável".

Por último, Freund *et al.* (1986) afirmam que há uma sequência teórica e ideal, que ocorre entre o encontro, o cortejo e o intercurso sexual. A parafilia estaria presente quando essa sequência é rompida ou estaciona em uma das etapas do processo. A primeira fase é a de procura do parceiro potencial. A parada nessa fase faria do indivíduo um *voyeur*. A segunda fase é a da aproximação, realizada pela comunicação verbal e não verbal com o parceiro potencial. Bloqueios aqui tornariam o indivíduo um *exibicionista*. A terceira fase, táctil, se dá quando ocorre o contato físico direto. Ruptura nessa fase resultaria no *frotteurismo*. A quarta e última etapa é a copulatória, quando o intercurso sexual ocorre. A parada nessa etapa tornaria o indivíduo um *estuprador* (Freund e Kolarsky, 1965).

Mais uma vez, descrevemos uma teoria em que são apresentados apenas os fenômenos observáveis, mas sem uma explicação de por que eles ocorrem.

Para compreendermos a razão pela qual um indivíduo desvia o curso do escoamento de sua sexualidade para um caminho paralelo, precisamos revisar alguns conceitos fundamentais da análise psicodramática acerca da evolução da *identidade sexual*. A descrição mais detalhada e completa encontra-se no livro *Vínculo conjugal na análise psicodramática* (Dias, 2000).

Definimos *sexualidade* como a condição relacionada ao desenvolvimento e à produção de hormônios sexuais. Portanto, apresenta caráter orgânico, fisiológico. Os hormônios sexuais começam a apresentar níveis sanguíneos circulantes significativos a partir dos 8-9 anos de idade. Ao final da fase cenestésica, que ocorre por volta dos 2 anos de idade, com a conclusão da fase de urinador, o mundo cenestésico fica bastante pacato. Não há, por um bom tempo, novidades cenestésicas. Isso começa a mudar com a produção dos hormônios sexuais, os quais provocam uma sensação nova e ainda desconhecida para a criança: a energia sexual. Esta precisa de descargas periódicas, mas para tanto necessita de uma via de escoamento (Figura 1).

Figura 1 – Sexualidade e energia sexual

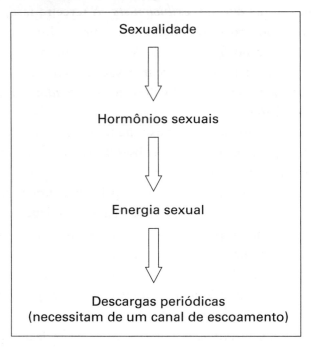

Enquanto a criança não encontra essa via de escoamento, composta pela região genital e pelas zonas erógenas, tal energia provoca inquietude e agitação. A criança não é capaz ainda de entender seu significado. É bastante comum ela apresentar instabilidade de humor, com picos de alegria alternados com momentos de mau humor e irritabilidade. Também é comum o surgimento de diversos medos, devido a essas novas sensações e às mudanças corporais desencadeadas pelo estímulo dos hormônios sexuais.

A criança tende a atribuir essas modificações a algo externo ou sobrenatural, e muitas vezes volta a ter medo do escuro, dos ETs, dos mortos-vivos ou de algo assustador, representado por conteúdos que habitam o imaginário infantil. Esse medo passa quando a criança consegue perceber que essa modificação tem que ver com a energia sexual e que ela pode ser descarregada por meio da masturbação. Enquanto não houver essa descarga sexual, a criança se sente insatisfeita – por exemplo, liga a TV, mas nenhum programa agrada; quer comer algo, mas não sabe o que é ao certo.

Vale a pena relembrar que até os 8-9 anos de idade – antes, portanto, da produção significativa de hormônios sexuais – a masturbação, chamada aqui de *masturbação infantil* (em contraponto à *masturbação púbere*), tem outro significado. Antes dos 8 anos, a masturbação está relacionada com o uso do papel psicossomático de urinador, o qual é utilizado para liberar a tensão (não sexual) de alguma atividade executiva motora que não pôde ser descarregada e, assim, gratificar um desejo ou uma necessidade interna.

A criança, nessa etapa da vida, consegue fantasiar, devanear e até mesmo ter níveis satisfatórios de controle e decisão da vontade, mas sempre depende do adulto para executar a atividade motora que a deixaria satisfeita. Se esta não puder ser alcançada e se houver, sobretudo, um clima inibidor importante, o papel psicossomático de urinador pode passar a ser utilizado como maneira de descarregar a tensão acumulada. A enurese noturna, juntamente com a masturbação infantil, é outro exemplo do uso do papel psicossomático de urinador. Assim, a *masturbação infantil* não está relacionada à descarga sexual, e sim à diminuição da ansiedade provocada pela incapacidade de executar no mundo as ações que a gratificariam; está ligada exclusivamente a questões relacionadas ao prazer (não sexual).

A repressão da *masturbação infantil* geralmente não levará a problemas na sexualidade, mas poderá provocar conflitos ligados ao prazer e à satisfação de desejos ou necessidades internas. A criança, diante de muita repressão, pode se tornar insegura e temerosa de agir no mundo.

A masturbação púbere surge com a descoberta das zonas erógenas como regiões possíveis de escoamento da energia sexual que aparece junto com os hormônios sexuais, como veremos adiante.

Em contraponto à *sexualidade* (que, como vimos, apresenta caráter orgânico, fisiológico), a *identidade sexual* tem que ver com o aspecto psicológico e é o canal pelo qual a sexualidade será escoada e descarregada. A identidade sexual é determinada pelo desenvolvimento psicológico da espécie e sofre influência do ambiente psicológico, dos padrões culturais e morais da comunidade, da família na qual o indivíduo está inserido e dos modelos internalizados de homem e mulher, bem como das características neuróticas de sua personalidade (Dias, 2000).

A parada do desenvolvimento em alguma das fases da formação da identidade sexual determinará dificuldade no indivíduo para descarregar sua sexualidade de modo convencional e esperado, basicamente a descarga sexual por meio de um ser humano, adulto e vivo.

Relembramos o conceito da formação da identidade sexual, a qual compreende quatro fases (Dias, 2000):

- autossexual, autoerótica ou masturbatória (4 a 10 anos);

- homossexual (9-10 anos até 13-14 anos);
- de transição (14-15 anos até 16-17 anos);
- de interação heterossexual (17-18 anos até o final da vida).

FASE AUTOERÓTICA

A fase autoerótica ou masturbatória pode ser subdividida em duas:

- *Infantil*: ocorre ao redor dos 4-6 anos de idade e, como já vimos, está associada à descarga de tensões ligadas ao modelo de urinador.
- *Púbere*: ocorre entre 9 e 11 anos de idade. Nessa fase, já há presença de hormônios sexuais circulantes. A criança já está explorando e descobrindo as zonas erógenas, basicamente o pênis nos meninos e o clitóris e a vulva nas meninas. A masturbação possibilita ao garoto e à garota a descarga da energia sexual, ao mesmo tempo que promove a autonomia e a intimidade com o próprio corpo e o prazer. À medida que o indivíduo consegue lidar e interagir com um(a) parceiro(a) real, a masturbação vai perdendo gradativamente a importância.

Nessa etapa, masturbação propicia prazer, mas o objeto ainda está a distância. A masturbação sempre informa onde está o desejo, por meio da fantasia. Nessa etapa, tanto o garoto como a garota ainda não desenvolveram sua identidade masculina e feminina, e contam apenas com os modelos preexistentes masculino (que vem do pai ou substituto) e feminino (que vem da mãe ou substituta). Dessa maneira, não podem ainda descarregar a energia sexual satisfatoriamente de outra forma que não a masturbatória. O canal de escoamento da energia sexual, nessa fase, é a masturbação.

FASE HOMOSSEXUAL

Tanto o menino como a menina desenvolverão completa ou parcialmente a identidade masculina e feminina, sempre com base nos modelos masculino e feminino preexistentes. Nessa fase, o menino está desenvolvendo sua identidade sexual masculina, e a menina, sua identidade sexual feminina. Por isso o nome *fase homossexual*, pois cada um deles está desenvolvendo a identidade sexual correspondente ao seu sexo biológico. No menino, a identidade sexual masculina é importante para que ele se sinta como homem e se comporte como tal. Para a menina, por outro lado, para que ela se sinta como mulher e se comporte como tal. Nessa fase, as crianças se dividem em grupos: meninos só andam com meninos e meninas só andam com meninas. Dizemos que eles pertencem ao "clube do Bolinha" (só de meninos) ou ao "clube da Luluzinha" (só de meninas) – personagens criados pela norte-americana Marjorie Henderson Buell (Marge) em 1935.

A formação satisfatória e completa da identidade sexual correspondente ao próprio sexo biológico depende de um modelo preexistente saudável internalizado. No caso do garoto, o pai ou substituto; para a garota, a mãe ou substituta. Além dos modelos preexistentes, a construção da identidade masculina para os garotos e da identidade feminina para as garotas dependerá da presença de uma "relação especial" com outra criança do mesmo sexo. No caso dos meninos, com o primeiro "grande amigo"; no das meninas, com a primeira "grande amiga".

Todos nós podemos nos recordar do(a) nosso(a) primeiro(a) grande amigo(a). Essa é uma relação muito importante e intensa e assemelha-se à relação diádica, caracterizada pelo amor incondicional. O grande amigo ou a grande amiga reúne todas as qualidades, atributos, conceitos e traços valorizados de homem (para os meninos) e de mulher (para as meninas). É uma relação intensa e de muita confiança mútua. Um quer ser igual ao outro. A relação é feita em corredor. O menino não quer dividir seu grande amigo com ninguém. A menina também não quer dividir sua grande amiga com ninguém. Vamos, aqui, utilizar o exemplo da formação da identidade sexual masculina do menino, lembrando que o mecanismo é o mesmo para as meninas, com a diferença de que elas, por sua vez, estão construindo sua identidade sexual feminina. Mais detalhes podem ser consultados nas referências bibliográficas (Dias, 2000).

O menino utiliza o "grande amigo" como substrato e nele projeta tudo que valoriza no universo masculino. O grande amigo é idealizado e por meio dele o garoto forma o modelo idealizado de homem. Dizemos que o garoto nem mesmo está vendo o grande amigo de verdade, como ele é, pois este não passa de um substrato que recebe todas essas projeções. Subsequentemente, o garoto vai retirando do grande amigo todo o material idealizado projetado e passa a introjetá-lo. Esses traços idealizados que foram projetados vão se fundir ao modelo masculino preexistente. Essa fusão ou incorporação poderá ocorrer de maneira completa se houver um modelo masculino preexistente oriundo de um pai ou substituto e este não estiver muito conflitado no mundo interno do indivíduo.

Esses conflitos podem ocorrer, por exemplo, por dificuldades na fase de triangulação, quando a mãe denigre a imagem do marido para o filho. Dessa maneira, o garoto terá dificuldade de aceitar o modelo masculino do pai. É comum o menino comprar uma briga que na verdade é de sua mãe com o marido dela. O garoto pode, então, passar a "brigar fora" com o pai (virar o braço armado da mãe) ou "brigar dentro" com o modelo masculino de pai.

Outra possibilidade são pais ou substitutos ausentes ou muito agressivos, ou até mesmo a ausência completa de um modelo masculino preexistente. Isso dificultará sobremaneira a incorporação e a fusão interna dos traços masculinos idealizados que foram projetados no grande amigo. Esses traços ficam sem um "anteparo" (modelo masculino preexistente) para se fixar e a situação pode evoluir de duas maneiras:

- a identidade masculina não ficará completa (não há fusão do modelo masculino idealizado e projetado com o modelo masculino preexistente);
- a fusão será parcial (internaliza-se apenas parte do modelo masculino idealizado).

No primeiro caso, dizemos que houve retenção total na fase homossexual. No segundo, retenção parcial. Tanto na primeira como na segunda condição, o homem idealizado estará fora do indivíduo, projetado nos homens do mundo. Esse indivíduo sempre tenderá a buscar o homem idealizado, seja em um grande amigo, seja num parceiro sexual (homossexual).

FASE DE TRANSIÇÃO

Nessa fase, o garoto estará construindo sua identidade sexual feminina, e a garota, sua identidade sexual masculina. Essas identidades são fundamentais no garoto e na garota para que cada um deles, na interação com o sexo oposto, possa reconhecer os traços erotizados dos parceiros e com eles interagir. Assim, o homem tem a percepção de uma mulher erotizada por meio de sua própria identidade sexual feminina. A mulher percebe o homem erotizado e acha isso interessante graças à sua identidade sexual masculina.

Essa fase se desenvolve por meio da primeira paixão (namorado ou namorada). Muitas vezes, nem sequer há namoro de fato, trata-se apenas de paixão platônica. Geralmente, há pouco contato físico e essas paixões se instalam e se desinstalam de súbito.

Nessa fase, por exemplo, a menina projeta no primeiro namorado uma identidade masculina idealizada, baseada nos homens que ela admira, sejam eles reais ou não. Também há projeção de conceitos, valores, atitudes e posturas masculinas que a atraem e que ela valoriza. A menina nem mesmo está vendo seu namorado, está apaixonada, muitas vezes platonicamente, por ele. Ele serve apenas como substrato para essa projeção. Com o passar do tempo, a menina vai incorporando e fundindo, em seu psiquismo, esses traços idealizados que foram projetados no primeiro namorado, tendo como anteparo seu modelo masculino preexistente, oriundo do seu pai ou substituto.

Assim como ocorreu na fase homossexual, essa incorporação ou fusão será completa se o modelo masculino preexistente não estiver muito conflitado em seu psiquismo. Se houver conflitos com os traços erotizados do pai ou substituto, a fusão não se dará (retenção total na fase de transição) ou ocorrerá parcialmente (retenção parcial na fase de transição). A consequência é que a identidade sexual masculina dessa mulher estará incompleta e ela tenderá a projetar os traços idealizados em parceiros idealizados, fora dela, no mundo externo. Ou seja, estará sempre em busca do "príncipe encantado". Esses traços estarão projetados nos parceiros sexuais, sempre idealizados e não reais. O mesmo ocorre com os garotos que, nessa fase, estão construindo sua identidade sexual feminina.

FASE DE INTERAÇÃO HETEROSSEXUAL

Completadas todas as fases anteriores, tanto o garoto como a garota já contam com identidades sexuais masculinas e femininas completas. Portanto, estão aptos a *interagir* com o sexo oposto de forma completa, com intimidade, sintonia e cumplicidade. Distinguimos aqui a verdadeira *interação heterossexual* de um *comportamento heterossexual*. Na *interação heterossexual* há satisfação tanto dos aspectos físicos, tais como toques, carícias e beijos, como dos aspectos psicológicos da interação homem-mulher.

Na *interação heterossexual*, o homem consegue captar a energia sexual feminina por meio da própria identidade sexual feminina internalizada. Ao captar essa energia, ele estimula dentro de si a energia sexual masculina, que é colocada para fora por meio de sua identidade sexual masculina. Essa energia sexual masculina é percebida pela mulher graças à identidade sexual masculina que ela tem internalizada. Ao captar tal energia, ela estimulará dentro de si uma energia sexual feminina que acolherá toda essa energia sexual masculina por meio da sua identidade sexual feminina.

A mulher, ao acolher toda essa energia masculina por meio da sua identidade sexual feminina, faz que o parceiro capte a energia sexual feminina emanada por ela, que é percebida graças à própria identidade sexual feminina que esse homem tem dentro de si. Esse círculo "virtuoso" é, então, retroalimentado e culmina com o orgasmo. Nessa situação, as identidades masculina e feminina praticamente não podem ser distinguidas, estão fundidas. Aqui, já não há espaço para a fantasia ou para a grande amiga ou o grande amigo (figuras idealizadas). O fato está ocorrendo no "aqui e agora". Poderíamos dizer que se trata de algo parecido com o "encontro" definido por Moreno (1997).

Retenções parciais ou totais em uma ou mais das fases anteriores podem provocar dificuldades na *interação heterossexual*, bem como levar aos desvios sexuais, como veremos mais adiante. Por exemplo, um casal pode ter um *comportamento heterossexual*, mas o homem pode estar retido na fase autoerótica. Apesar de apresentar um *comportamento observável* heterossexual, ele está na verdade apenas mantendo o intercurso sexual com a parceira de forma mecânica. De fato, ele pode estar apenas interagindo com suas fantasias eróticas (por exemplo, outra mulher). Ou, ainda, uma mulher pode apresentar *comportamento heterossexual observável* com seu parceiro, mas encontrar-se retida na fase homossexual e manter relações sexuais com o marido enquanto fantasia fazer sexo com a amiga.

Assim, sexualmente o casal está bem, pois consegue descarregar a energia sexual. No entanto, há problemas de identidade sexual que, apesar de não serem suficientes para impedir o intercurso sexual, privam a ambos de uma satisfação psicológica completa da interação homem-mulher.

GÊNESE DOS DESVIOS SEXUAIS SEGUNDO A ANÁLISE PSICODRAMÁTICA

Não temos ainda completamente estabelecida a gênese dos desvios sexuais. A teoria da análise psicodramática vem da prática clínica do trabalho diário com os pacientes em consultório privado, e nele não deparamos com frequência com esses casos, apenas ocasionalmente.

Com base em um estudo clínico desenvolvido com pacientes que apresentam variadas queixas de desvios sexuais, o qual foi realizado no Instituto de Psiquiatria do Hospital das Clínicas da Faculdade de Medicina da Universidade de São Paulo, por meio da observação e do atendimento clínico, procuraremos elaborar melhor a teoria e descrever, de forma mais apurada, o que ocorre com esses indivíduos. Trataremos sujeitos com queixas de diversos desvios sexuais por meio de psicoterapia de grupo, com o emprego de teoria e técnicas oriundas da análise psicodramática. Ao mesmo tempo, compararemos os resultados obtidos nesse grupo com os resultados obtidos em outro grupo de sujeitos com desvios sexuais, mas que realizarão apenas psicoterapia de apoio.

Para a psiquiatria, como vimos antes, os desvios sexuais são considerados doenças ou perversões. O entendimento que a análise psicodramática tem é de que não se trata de degeneração ou de perversão. Os desvios sexuais são consequência de uma *parada* ou *retenção* em uma ou mais fases do desenvolvimento da identidade sexual. A sexualidade, em decorrência dos hormônios sexuais que "brotam" no indivíduo como a água da nascente de um rio, precisa ser escoada por meio de algum canal. A sexualidade, assim como a água, se bloqueada em seu fluxo natural e previsto encontrará fisicamente um canal de escoamento paralelo. O nome *parafilia* vem de *para* = "ao lado" e *filia* = "atração"; em tradução livre, "atração paralela".

A ideia de que se trata de perversão ou doença traz em seu bojo um rótulo estigmatizante e a falsa impressão, para o indivíduo que apresenta o desvio sexual, de que ele tem uma identidade sexual estabelecida: "sou fetichista", "sou exibicionista", "sou sadomasoquista".

Embora não possamos ignorar que muitas dessas práticas sexuais desviantes são consideradas vergonhosas, moralmente inaceitáveis e repugnantes para a maioria das pessoas, sendo algumas delas inclusive criminosas (como a pedofilia), nosso objetivo no *setting* terapêutico não é o de polícia nem sequer o de juiz, e a quebra de sigilo deve ocorrer apenas nas situações previstas no Código de Ética Médica.

Como terapeutas, não devemos condenar nem absolver essas práticas, e sim tratar o indivíduo que busca ajuda para seu problema sexual desviante. Muitas vezes, ele está sofrendo por apresentar essa condição e/ou está fazendo alguém sofrer (por exemplo, uma criança inocente que é abusada sexualmente). Ao tratá-lo, podemos oferecer-lhe a oportunidade de efetuar o resgate a partir do ponto em que seu desenvolvimento sexual foi retido e, assim, ajudá-lo a completar a formação de sua identidade sexual. O espaço do *setting* não deve ser "imoral", no sentido de validar, confirmar ou reforçar esses tipos de prática sexual, mas também não pode ser "moralista" e condenar e julgar os desvios sexuais, o que naturalmente impediria o vínculo terapeuta-cliente, fundamental para o processo psicoterapêutico.

O papel do terapeuta deve ser o de tratar o sujeito, ouvir a queixa do desvio sexual e buscar compreender a gênese desse desvio sexual junto com o paciente. Ele deve procurar o(s) ponto(s) em que houve parada no desenvolvimento sexual do sujeito e ajudá-lo a se conscientizar, por exemplo, de que evita determinados parceiros sexuais por se sentir incapaz de reagir à interação erótica daquela situação, uma vez que lhe faltam pedaços de sua identidade sexual que ficaram incompletos, devido aos bloqueios com as figuras masculinas e/ou femininas preexistentes. Em consequência, as figuras masculinas e femininas idealizadas não puderam ser fundidas a elas, deixando incompleta a formação da identidade sexual.

Esse buraco na identidade sexual deixa o indivíduo inseguro, sem saber como se comportar erótica e sexualmente, e até mesmo em pânico (perda de identidade) diante de um objeto sexual convencional. Ele não tem os elementos necessários do mundo masculino e/ou feminino para fazer frente à interação erótica com esse parceiro convencional. Resta a ele, então, relacionar-se com algum *objeto sexual não convencional* (por exemplo, fotos ou vídeos eróticos, uma peça de roupa de couro ou borracha, um animal, um ser humano morto etc.).

Embora possa ser considerado estranho, vergonhoso, pervertido ou imoral, esse *objeto sexual não convencional* permite descarregar a sexualidade sem que tenham de ser mobilizadas partes faltantes da identidade sexual. Ao arranjar um jeito de descarregar essa energia sexual, o indivíduo encontra uma solução para sua sexualidade. Não fosse assim, ele entraria num quadro de privação sexual capaz de gerar muita irritação e até mesmo violência.

Com a parada ou a retenção em uma das fases da formação da identidade sexual, o indivíduo passa e evitar sistematicamente os objetos sexuais que possam mobilizar partes de sua identidade sexual que estão total ou parcialmente incompletas. Temos aqui os conceitos de *parceiro possível* e *parceiro evitado*.

- *Parceiro possível* é aquele com o qual o indivíduo consegue obter satisfatoriamente a descarga periódica necessária de sua sexualidade sem ter de mobilizar partes faltantes de sua identidade sexual incompleta. É o que a psiquiatria denomina *objeto sexual não convencional* ou *parafílico*. Nessa relação com o *parceiro possível*, portanto, não há *angústia patológica*, uma vez que a identidade sexual incompleta não precisa ser acionada. A angústia presente é apenas a *angústia circunstancial*. Exemplos de *angústia circunstancial*: ser flagrado e preso por se exibir para um parceiro sexual a distância, ser abandonado pela esposa ou namorada por ela não mais aceitar ter relações sexuais com o emprego de violência ou humilhação.

- *Parceiro evitado* é o objeto sexual que o indivíduo com transtorno da preferência sexual evita por não conseguir interagir erótica e sexualmente de forma completa com ele, uma vez que lhe faltam pedaços da sua identidade sexual. A interação com o *parceiro evitado* é capaz de mobilizar intensa *angústia patológica* no indivíduo e até mesmo pânico, devido à perda momentânea da identidade sexual no momento em que esta é solicitada. Às vezes, a angústia é deslocada para outros objetos, tais como fobia de avião, de animais etc. Como o indivíduo evita o contato com o *objeto sexual convencional* (*parceiro evitado*), a *angústia patológica* não é mobilizada.

Com o passar do tempo, essa forma de se relacionar sexualmente com os *parceiros possíveis* e consigo mesmo vai se cristalizando e tomando forma de identidade sexual no indivíduo. Esta passa a ser a via possível de escoamento da sua sexualidade e a via paralela de escoamento vai se tornando o leito definitivo desse rio, a sua própria identidade sexual. Existe uma zona de conforto nessa situação: não há *angústia patológica* presente.

À medida que a identidade sexual masculina ou feminina não precisa ser completamente acionada, pois o indivíduo esquiva-se sistematicamente dos *parceiros evitados*, os traços erotizados e conflitados dos modelos masculino e feminino preexistentes vão sendo "esquecidos" e "apagados" dentro do seu psiquismo e constituem o que chamamos de "material evitado". A *angústia patológica* só aparecerá se o indivíduo, consciente ou inadvertidamente, entrar em contato com o *parceiro evitado*.

PARCEIROS POSSÍVEIS E PARCEIROS EVITADOS NAS PARAFILIAS

Descreveremos adiante algumas das parafilias mais frequentes na prática clínica e sua suposta correlação com os *parceiros possíveis* e os *parceiros evitados*.

A grande maioria das parafilias origina-se da retenção completa ou parcial da *fase autoerótica*. Os indivíduos retidos nessa fase têm graus variáveis de evitação com *parceiros sexuais reais*, uma vez que apresentam bloqueios severos tanto do modelo masculino como do modelo feminino preexistentes. São indivíduos que evitam contato com seres humanos de forma geral, têm clara dificuldade de estabelecer intimidade e exibem muitas vezes características esquizoides. Descarregam a sexualidade por meio da fantasia e da masturbação. Seu *parceiro possível* é o virtual (fotos, vídeos, material pornográfico da internet etc.) ou o que se encontra a distância (vítima de um exibicionista, por exemplo). Muitas vezes, a masturbação se dá com o auxílio de objetos intermediários como vibradores ou outros fetiches que, adicionados à fantasia sexual do indivíduo, permitem que ele se satisfaça sexualmente. O foco da atração continua sendo o próprio corpo, tal como era em sua puberdade.

Nem sempre o bloqueio ou a retenção se dá por completo. Pode ocorrer de o indivíduo conseguir fundir, pelo menos parcialmente, a identidade masculina e/ou feminina idealizada ao seu modelo masculino e/ou feminino preexistente, nas próximas fases: homossexual e de transição, respectivamente. Isso trará graus variáveis de dificuldade e de evitação de parceiros. Muitas vezes, quando há bloqueios parciais da identidade sexual masculina e/ou feminina, o indivíduo consegue manter um *comportamento heterossexual* ou mesmo *homossexual observável* com um *parceiro real*, mas nunca de maneira satisfatória e completa. O parceiro é visto não como pessoa, mas como objeto intermediário para a descarga de sua energia sexual. O objeto parafílico (*parceiro possível*) serve para facilitar e permitir a descarga da energia sexual acionando minimamente as partes faltantes de sua identidade sexual e, assim, mobilizando pouco ou nada de *angústia patológica*.

FETICHISMO

No fetichismo, o indivíduo descarrega sua sexualidade por meio de um objeto ou fetiche. Fetiche vem do francês *fétiche*, que por sua vez se origina do português *feitiço*: "Objeto a que se atribui poder sobrenatural ou mágico e se presta culto" (Houaiss, 2001). O *parceiro possível* para o fetichista é o próprio fetiche, e o *parceiro evitado* é um ser humano, erotizado ou não. O objeto sexual foi deslocado para o fetiche. O contato sexual e íntimo com um ser humano está gravemente bloqueado. Não há identidade sexual masculina ou feminina maturadas o bastante para que ocorra a interação erótica (bloqueio na *fase autoerótica*). Exemplos comuns encontrados na prática clínica são os indivíduos que descarregam sua energia sexual com o emprego da masturbação ao manipular calcinhas – usadas ou não – de mulheres conhecidas ou desconhecidas.

Quando as retenções da *fase homossexual* ou da *fase de transição* são parciais, o indivíduo ainda consegue estabelecer intercurso sexual com uma pessoa real, desde que haja presença de algum tipo específico de vestimenta, como botas, roupas de couro ou borracha ou qualquer outro objeto "enfeitiçado". Na verdade, apesar de aparentemente estar ocorrendo um *comportamento heterossexual ou homossexual*, o fetichista não está ligado à pessoa, e sim ao objeto intermediário (fetiche), e com o fetiche (*parceiro possível*) consegue ter prazer sexual. Ao mesmo tempo, evita a mobilização de *angústia patológica* ao não "enxergar" o *parceiro evitado*, ou seja, a dona da bota ou da roupa de borracha, por exemplo. Com a parceira, a interação com sintonia, cumplicidade e intimidade está evitada por completo.

FETICHISMO TRANSVÉSTICO

Nesses casos, o indivíduo atua diretamente o papel relativo ao sexo oposto. Não observamos na prática clínica, até o momento, relatos de mulheres que apresentam esse transtorno, embora isso seja teoricamente possível. A retenção, com bloqueio total ou parcial da identidade masculina, costuma ser na *fase homossexual*. O homem se veste com alguma peça de roupa feminina e atua o papel feminino. Na presença de uma mulher erotizada, ele não teria alternativa que não fosse reagir, atuar e se comportar eroticamente como homem.

Ao se vestir com roupa de mulher, a ansiedade provocada pela insegurança de sua identidade sexual masculina é amenizada. A falta de identidade masculina fica encoberta pelo fato de ele vestir a roupa feminina e poder jogar o papel do feminino durante o encontro. Dessa maneira, ele consegue excitação sexual suficiente para manter um intercurso sexual com a parceira sem ter de mobilizar grandes cotas de identidade sexual masculina. Ele praticamente não entrará em contato com a *angústia patológica* (falta de identidade masculina), apenas com a *angústia circunstancial* (a parceira talvez não aceite sempre esse tipo de prática sexual).

É comum o indivíduo referir fantasiar estar no papel feminino – sendo ele a própria parceira – enquanto o coito está ocorrendo. Quando o bloqueio da identidade masculina é total, o indivíduo mantém relações sexuais exclusivamente com outros homens, assumindo por completo o papel feminino durante o intercurso sexual.

Exibicionismo

O exibicionista tem prazer em expor os genitais a pessoas estranhas a distância. Geralmente, assim o faz enquanto se masturba. Nesse caso, o *parceiro possível* é aquele que está a uma distância segura dele. Utilizando-se do exemplo de um homem que se exibe para uma mulher, ele evitará ao máximo a aproximação, pois se ela ocorrer o exibicionista não terá escolha que não seja "mostrar a que veio", ou seja, comportar-se sexualmente como homem erotizado diante dela (por meio da sua identidade sexual masculina que está total ou parcialmente bloqueada) e interagir com o feminino dela (por meio da sua identidade sexual feminina que também pode se encontrar total ou parcialmente bloqueada).

A retenção, nesse caso, costuma ser na *fase autoerótica*. A parceira erotizada que se encontra próxima dele é o *parceiro evitado*. É bastante comum ouvirmos dos exibicionistas que quando a pessoa para a qual estão se exibindo faz menção de se aproximar e procura manter um contato mais íntimo a excitação sexual desaparece – "É um balde de água fria no tesão", costumam dizer.

A falta de identidade sexual masculina e feminina impede a interação erótica e pode até causar pânico. Níveis variáveis de bloqueio nas identidades sexuais masculinas e femininas podem permitir *comportamento heterossexual* ou *homossexual* com um parceiro próximo, porém sempre carente de intimidade, sintonia e cumplicidade. Muitas vezes, os exibicionistas até mesmo têm namoradas ou esposas, mas estas costumam não ser muito ativas sexualmente e não geram grandes demandas sexuais e eróticas. Assim, os exibicionistas se "relacionam" com alguém do outro lado da rua ou da janela, guardada uma distância segura, enquanto podem "ao vivo e a cores" dar vazão à fantasia erótica e à descarga sexual.

Ao mesmo tempo, ao exibir o genital ereto à *parceira possível*, o exibicionista constata que ele "tem um pênis" (= identidade masculina) e que esse pênis tem poder de provocar uma ação no mundo (= susto, espanto, interesse ou curiosidade da vítima). Dessa maneira, a repetição constante desse ato, que caracteriza esse transtorno, reassegura ao indivíduo que ele tem uma identidade masculina e permite-lhe experimentar jogar o papel masculino sem ter o ônus de interagir eroticamente com alguém próximo.

VOYEURISMO

Assim como ocorre com o exibicionismo, a retenção do voyeurista costuma ser na *fase autoerótica*. Seu *parceiro possível* também é aquele que se encontra a uma distância segura; seu *parceiro evitado* é o parceiro erotizado próximo dele. A satisfação sexual se dá ao assistir parceiros mantendo relações sexuais, situação em que o voyeurista costuma se projetar em um dos parceiros da atividade, imaginando-se no lugar deste enquanto se masturba. Assim, além de garantir "ao vivo e a cores" a oportunidade de descarregar sua energia sexual, ainda pode ter em sua imaginação um *role playing* de como se comportar num intercurso sexual, seja como homem, seja como mulher. Isso não deixa de enriquecer, de certa forma, a sua identidade sexual masculina e/ou feminina, ainda que de forma um tanto inadequada e inconveniente.

Em outros casos, o exibicionista se satisfaz apenas olhando as pessoas em situações íntimas – por exemplo, enquanto elas se despem, banham-se ou realizam suas necessidades fisiológicas. O *parceiro possível* do voyeurista torna sua fantasia mais intensa, permitindo-lhe descarregar sua sexualidade. Alguns voyeuristas se resolvem sexualmente por meio de *webcams* em que um(a) exibicionista do outro lado da câmera se presta a se exibir para ele. O sexo virtual, por meio do parceiro virtual (*parceiro possível*), permite a interação sexual aos dois parceiros *on-line*, no contexto da fantasia e do "como se". Muitas vezes, nem uma *webcam* é necessária, basta um teclado alfanumérico para digitar o *script* do encontro sexual virtual.

FROTTEURISMO

Para o frotteurista, o *parceiro possível* é aquele que permite contato físico (consentido ou não), mas protegido com roupas e num ambiente público, de forma disfarçada. O elemento erótico é mascarado e a pressão de desempenhar o papel masculino e/ou de interagir com o papel feminino é diluída pela situação inusitada. Na fantasia do frotteurista, ele penetra a *parceira possível* enquanto roça seu genital contra partes do corpo dela. Essa interação sexual permite o contato físico e algum grau de intimidade a alguém que não pode ainda interagir de maneira mais íntima com uma parceira erotizada, nua e de modo consensual (*parceira evitada*).

Mais uma vez, bloqueios totais ou parciais em sua identidade sexual masculina e/ou feminina o impedem de se mostrar nu e erotizado para a parceira erotizada (*parceira evitada*), ao mesmo tempo que ele também não consegue interagir com o feminino da parceira.

As retenções são geralmente parciais nas *fases homossexual* ou *de transição*, levando a dificuldades variáveis de identidade masculina e/ou feminina. Bloqueio na *fase autoerótica* também pode ocorrer, e o ato frotteurista permite o contato íntimo com outra pessoa fora do mundo virtual, ainda que de forma muito primária, inadequada e inconveniente.

ZOOFILIA

Alguns indivíduos que viveram em zonas rurais podem ter iniciado a vida sexual com animais. Tendo sido um fato isolado, a parceria com um animal, para alguém que está iniciando a vida sexual, pode ser compreendida. Porém, a persistência nesse tipo de comportamento sexual denota um dos bloqueios mais severos da *fase autoerótica*.

Não há identidade sexual internalizada de homem nem de mulher. Em outras palavras, o zoófilo evita o contato íntimo – muitas vezes não só o sexual, mas o de qualquer relação mais próxima – com o ser humano. O *parceiro evitado* é o ser humano em geral (seja ele erotizado ou não, de qualquer sexo ou de qualquer idade) e o *parceiro possível* é um animal.

NECROFILIA

Raramente encontrado na prática clínica, o indivíduo que tem como *parceiro possível* um cadáver consegue descarregar sua energia sexual sem ter de interagir com o objeto sexual, que está inerte. A retenção ocorreu na *fase autoerótica*. O *parceiro evitado* é alguém vivo. Como alguém que está vivo sempre busca algum grau de interação íntima num encontro sexual, sistematicamente o necrófilo irá evitá-lo, pois não teria como reagir erótica e sexualmente a ele.

Com o cadáver, o controle da situação é pleno e as partes faltantes da sua identidade sexual não serão mobilizadas, não gerando, portanto, *angústia patológica*. Como ocorre em todos os outros casos de parafilia, a angústia que pode estar presente é apenas a *circunstancial* (ser pego pela polícia, não conseguir um cadáver disponível, ser discriminado pela sociedade etc.).

SADISMO E MASOQUISMO SEXUAL

Colocamos juntos esses dois tipos de comportamento sexual porque um é complementar ao outro e ambos compartilham do mesmo mecanismo psicodinâmico de evitação de parceiros. Graus variáveis de retenção nas fases de desenvolvimento da identidade sexual podem ter ocorrido; como há interação sexual com parceiros reais, raramente a retenção se deu exclusivamente na *fase autoerótica*.

A determinação da fase em que ocorreu mais severamente a retenção, se na *homossexual* ou na *de transição*, só é possível com a análise individual de cada caso, bem como com a análise da própria fantasia sadomasoquista presente. Supõe-se que um homem submisso (masoquista) que é dominado por uma mulher (sádica) que o obriga a se vestir de empregada doméstica para servi-la – inclusive sexualmente – tenha retenção importante na *fase homossexual* (é menos homem). A mulher que assim o faz pode ter retenção parcial na *fase homossexual*, ou seja, é menos mulher durante o jogo erótico, assume mais o papel dominador e quase nada do papel feminino, que é o de acolher a energia masculina. Outra possibilidade para ela é um bloqueio parcial na *fase de transição*, ou seja, apresentar pouca identidade masculina, e esse jogo erótico, assim desenhado, permitir que ela se vingue, domine ou controle o masculino – que, por ser pouco internalizado, torna-se menos ameaçador nesse contexto.

Por outro lado, um homem dominador (sádico) que amarra e queima com parafina derretida o corpo da mulher dominada (masoquista) enquanto realiza algum contato sexual com ela pode ter retenção na *fase de transição* e apresentar graus variáveis de dificuldade de lidar com o feminino. A *parceira possível* mantida presa, humilhada e machucada lhe dá o total controle sobre o feminino, que passa a não oferecer ameaça. Ao mesmo tempo que ele não precisa interagir com a identidade feminina dela, a situação ainda lhe dá oportunidade de se vingar de figuras femininas conflitadas, por exemplo. Outra possibilidade é que ele tenha retenção parcial na *fase homossexual*. Ao jogar o papel de dominador, pode sentir-se mais homem ao dominar e controlar o feminino ameaçador durante o jogo erótico.

As possibilidades são várias e não vamos descrever todas as combinações possíveis. O importante é determinar, por meio da análise da fantasia erótica, em que fase a retenção foi mais severa, para que o terapeuta possa abordar o material evitado (traços erotizados bloqueados das figuras masculinas e femininas preexistentes). Ao esclarecer esses aspectos para o indivíduo, o terapeuta vai ajudá-lo a estabelecer contato com esse material evitado, mobilizando, assim, a *angústia patológica*. Ao trabalhar os traços eróticos das figuras que ficaram "apagados" no psiquismo do indivíduo, ele tem a chance de resolver e completar as fases do desenvolvimento de sua identidade sexual.

De maneira geral, podemos dizer que o *parceiro possível* para um sádico é aquele que pode ser subjugado, controlado, humilhado e machucado, não oferecendo assim qualquer ameaça, seja por não ser capaz de mobilizar cotas de identidade sexual masculina e/ou feminina do sádico, seja por não o fazer entrar em contato com situações em que seja necessário dar ou receber *afeto* e *amor*.

O *parceiro evitado* é o que está *livre* para demonstrar e exercer plenamente a identidade masculina e/ou feminina, situação que o levaria à falta de controle da situação erótica. O *parceiro evitado* também é aquele que tem amor e afeto para dar e espera recebê-los. A dificuldade dos sadomasoquistas não é só lidar com as consequências das partes faltantes de sua identidade sexual, mas também lidar com *afeto* e *amor* – que, se supõe, foram neles feridos em alguma fase da vida.

De maneira análoga, o *parceiro possível* para um masoquista é o que o subjuga, controla, humilha e machuca. Com ele, o masoquista não precisa trocar afeto e amor nem exercer e/ou lidar tanto com sua identidade masculina e/ou feminina como com a do outro, de maneira livre e espontânea. Está subjugado e controlado; e, paradoxalmente, livre para descarregar sua energia sexual – que, em situações convencionais, não teria caminho aberto para seguir. Nesses casos, o *parceiro evitado* é a relação sexual terna e carinhosa, carregada com o sentimento de amor.

PEDOFILIA

Esse comportamento sexual é o mais complexo e controverso dos desvios sexuais. Envolve profundos aspectos morais, sociais, culturais e legais. Na Grécia Antiga, a iniciação sexual de garotos púberes costumava ocorrer com o auxílio de um homem adulto e maduro que fazia o papel de preceptor. Além de iniciar o jovem púbere nos conhecimentos preliminares de matemática, astronomia, política e outras ciências, o preceptor também o ensinava a desfrutar os prazeres sexuais, ajudando-o a conhecer o próprio corpo por meio de graus variáveis de contato sexual. Em nosso tempo, isso é considerado absurdo, imoral e ilegal.

Entendemos a pedofilia verdadeira, ou seja, aquela que não é fruto apenas de uma experiência psicopática criminosa, como a alternativa encontrada pelos indivíduos com falhas da formação da identidade sexual para descarregar sua sexualidade. Costumamos dizer que o pedófilo está parado (retido) na fase de desenvolvimento sexual em que se encontra a vítima. Em outras palavras, tem a "mesma idade sexual da vítima".

Para diagnosticar em que fase o indivíduo encontra-se retido, é necessário conhecer o padrão de relacionamento sexual que ele apresenta, bem como suas fantasias e preferências sexuais pedofílicas, tais como faixa etária e sexo da criança. Há indivíduos que têm atração específica por púberes que já apresentam alguns caracteres sexuais secundários, como seios em desenvolvimento e outros formatos corporais semelhantes aos do adulto, tais como coxas e nádegas das meninas ou pelos e músculos em formação dos garotos. Outros pedófilos, supostamente com retenções mais severas na *fase autoerótica*, têm preferência por pré-púberes sem quaisquer caracteres sexuais secundários e até mesmo por bebês. Nesse último caso, o *parceiro possível* é um objeto sexual sem qualquer manifestação erótica comportamental ou física que não a presença da própria genitália impúbere.

Alguns pedófilos têm interesse sexual apenas por garotas; outros, somente por garotos. Há os que desejam a ambos. Para todos os pedófilos, sejam os que têm interesse hetero, homo ou bissexual, o *parceiro possível* é alguém inexperiente, com poucos (ou mesmo nenhum) traços erotizados masculinos ou femininos que sejam capazes de mobilizar partes faltantes da sua identidade sexual. Além disso, o *parceiro possível* precisa ser suficientemente comandado sexualmente pela pouca energia sexual masculina do pedófilo. A criança torna-se um *parceiro possível* por atender a todos esses requisitos.

O *parceiro evitado* é o adulto erotizado, experiente e conhecedor de outros homens também erotizados e experientes. Para um pedófilo, o *parceiro evitado* é capaz de mobilizar as partes faltantes da sua identidade sexual e, por isso, evitá-lo-á completa (pedófilo exclusivo) ou parcialmente (pedófilo ocasional).

Alguns pedófilos podem manter *comportamento heterossexual ou homossexual observável* com parceiros adultos, e muitos são até casados. Em geral, as(os) parceiras(os) adultas(os) dos pedófilos também apresentam graus variáveis de retenção nas fases de desenvolvimento da identidade sexual, e quase sempre não lhes provocam grandes demandas sexuais.

A pedofilia é descrita na psiquiatria clínica quase exclusivamente em relação ao sexo masculino, mas nos consultórios de psicologia e nos domínios da psicodinâmica identificamos esse quadro também em mulheres. Muitos aspectos da pedofilia das mulheres passam despercebidos, pois são encarados e disfarçados como "cuidados", tais como manipulação dos genitais das crianças e de pré-púberes a título de cuidados higiênicos etc.

Pedófilo homossexual

Embora haja descrições de pedófilos mulheres, o que mais encontramos na clínica são os pedófilos homens, e é destes que temos mais dados especulativos sobre a etiologia psicodinâmica até o momento.

O pedófilo homossexual abusa de garotos, geralmente pré-púberes ou púberes. Alguns têm dado o nome a essa última condição de hebefilia, do grego *hébétikós*, "adolescente, homem jovem", e *filia*, "atração" (Houaiss, 2001). O *parceiro possível* é um garoto cuja identidade sexual masculina ainda não está maturada por completo. Com ele, o pedófilo retido na *fase homossexual* pode descarregar sua sexualidade. Essa fase deveria ter sido completada aos 14 anos de idade, mas não o foi.

Dessa maneira, ele vive eternamente a *fase homossexual* de seu desenvolvimento; no entanto, devido ao severo bloqueio da identidade sexual masculina, evita o contato com um homem adulto e erotizado (*parceiro evitado*). Com ele não conseguiria interagir de modo satisfatório, muitas vezes até porque muitos dos pedófilos homossexuais não se consideram homossexuais.

Isso é compreensível, uma vez que os contatos homossexuais que por vezes ocorrem enquanto o garoto vive sua *fase homossexual* (os chamados "troca-trocas") quase sempre não significarão homossexualidade no futuro. Essas experiências são entendidas mais como um instrumento de ganho de conhecimento do próprio corpo e do corpo do outro, além do ganho de identidade sexual masculina. O sexo entre garotos nessa fase (e nos pedófilos na vida adulta) pode auxiliar o processo de introjeção da identidade sexual masculina idealizada que foi projetada no "grande amigo", ainda que esta seja uma prática imatura, inadequada e passível de punição, no caso dos pedófilos.

Pedófilo heterossexual

O pedófilo que mantém interesse sexual por garotas pode apresentar graus variáveis de retenção na *fase homossexual*, o que impede ou dificulta sobremaneira seu contato sexual com uma mulher erotizada e sexualmente experiente (*parceiro evitado*). Assim, o *parceiro possível* é uma garota pré-púbere ou no máximo púbere – que, portanto, apresenta nenhum ou poucos traços erotizados físicos e comportamentais de mulher.

Com uma parceira assim, o pedófilo heterossexual se sente mais seguro como homem, graças à pouca ou nenhuma erotização da *parceira possível*. Com ela, não entrará em contato com a *angústia patológica* ligada a partes faltantes da sua identidade sexual masculina. Por outro lado, o pedófilo também pode apresentar graus variáveis de retenção na *fase de transição*. Assim, sua identidade sexual feminina parcialmente constituída talvez seja suficiente para dar conta de interagir com a identidade sexual feminina ainda não formada da garota pré-púbere, ou com a identidade sexual feminina ainda em formação da garota púbere.

Nesse último exemplo, havendo grau suficiente de identidade sexual masculina, *comportamento heterossexual* com uma mulher sem intimidade e sem cumplicidade poderá ocorrer. Ao mesmo tempo, esse indivíduo pode manter relações com graus variáveis de intimidade com uma garota pré-púbere ou púbere, como se estivesse parado na *fase de transição*, com a "primeira namorada", época em que ele estava construindo a própria identidade sexual feminina.

Pedófilo bissexual

O pedófilo bissexual apresenta graus variáveis de retenção nas *fases homossexual* e *de transição*, o que permite-lhe interagir com *parceiros possíveis*, ou seja, seres humanos sem erotização ou com erotização incompleta ainda em formação – crianças pré-púberes ou púberes de ambos os sexos. Os *parceiros evitados* são homens e mulheres adultos e erotizados(as).

PARAFILIAS SEM OUTRA ESPECIFICAÇÃO

Finalmente, não vamos nos prolongar exemplificando todos os *parceiros possíveis* dos indivíduos que apresentam falhas em sua identidade sexual. A psiquiatria lista uma infindável quantidade de objetos parafílicos (*parceiros possíveis*), de fezes (coprofilia), urina (urofilia) e idosos (gerontofilia) a formigas (formicofilia).

Atendi, uma vez, um indivíduo que apresentava excitação sexual com formigas saúva e formigas-martelo, além de algumas outras. Ele tinha orgasmos quando permitia que elas picassem seu órgão genital, e descrevia com riqueza de detalhes as diferenças do encontro sexual com as saúvas e com as formigas-martelo (com estas, devido à maior intensidade da dor, tinha orgasmos mais intensos e prazerosos).

Continuássemos nós, como quer a psiquiatria, a listar todas as parafilias de forma nosológica, teríamos de subdividir a formicofilia em formicofilia específica para saúvas, formicofilia específica para formigas-martelo, para formigas lava-pés e assim por diante. Para nós, psicoterapeutas, isso não tem a menor importância.

CONSIDERAÇÕES FINAIS

A lista de parafilias é infinita. O que importa ao terapeuta é o conhecimento da psicodinâmica envolvida e a lembrança de que a dinâmica toda encontra-se não no *parceiro pos-*

sível (objeto parafílico), e sim no *parceiro evitado*. Todo o esforço do terapeuta deverá ser o de iluminar, com a ajuda e o consentimento do cliente, a *angústia patológica* por meio do contato real ou mesmo virtual (fotos, vídeos ou sonhos) com o *parceiro evitado*. É aqui que o indivíduo encontrará os traços erotizados das figuras masculinas e/ou femininas preexistentes que ficaram "esquecidos" e constituem o material evitado. Este deverá ser abordado durante o processo de psicoterapia. Não importa para nós, psicoterapeutas, qual o *parceiro possível*. Este apenas nos serve de parâmetro indicador de quais fantasias estão envolvidas – assim, pode nos ajudar a descobrir qual parceiro está sendo evitado.

Os desvios sexuais não são uma reversão a um estado primitivo do desenvolvimento psicológico e muito menos físico, como descreveu Cesare Lombroso, mas decorrem de uma parada (retenção) em alguma das etapas do desenvolvimento da identidade sexual. Nem sequer se trata de um estado de degeneração, como supôs Krafft-Ebing.

A fixação em um *objeto sexual não convencional* como forma exclusiva ou principal de descarregar a energia sexual vai criando uma identidade sexual paralela, desviante do curso natural e esperado para nossa espécie. Se assim entendida, podemos concordar com a teoria da "impregnação" ou *imprinting*, na qual Freund (1997) afirma, sem explicar por que, que o indivíduo continua com esse comportamento sexual desviante de forma preferencial e repetitiva.

Freud, por outro lado, foi quem mais perto chegou do entendimento atual que temos dos desvios sexuais, pois os postulou como consequência de uma parada ou de uma regressão a estágio anterior do desenvolvimento da identidade sexual, porém sem utilizar o conceito de evitação de parceiros.

Os desvios sexuais continuam sendo um tema controverso, intrigante e instigante para os pesquisadores que se dedicam ao estudo do comportamento sexual humano. Esperamos que, com o atendimento clínico a ser desenvolvido durante o trabalho com esses pacientes, possamos trazer luz aos imbricados meandros por onde passa a formação de nossa identidade sexual de homens e mulheres.

REFERÊNCIAS BIBLIOGRÁFICAS

AMERICAN PSYCHIATRIC ASSOCIATION (APA). *Diagnostic and statistical manual of mental disorders*. 4. ed. Washington: American Psychiatric Association, 2000.

BRADFORD, J. M. "The paraphillas, obsessive compulsive spectrum disorder, and the treatment of sexually deviant behavior". *Psychiatr Q*, v. 70, 1999, p. 209-19.

DIAS, V. R. C. S. *Vínculo conjugal na análise psicodramática – Diagnóstico estrutural dos casamentos*. São Paulo: Ágora; 2000.

FOUCAULT, M. *The history of sexuality. Volume 1. An introduction*. Nova York: Pantheon, 1978. [Em português: *História da sexualidade I – A vontade de saber*. São Paulo: Graal, 2010.]

FREUND, K.; BLANCHARD, R. "The concept of courtship disorder". *Journal of Sex & Marital Therapy*, v. 12, 1986, p. 79-92.

FREUND, K.; KOLARSKY, A. "A simple reference system for the analysis of sexual dysfunctions". *Psychiatrie, Neurologie und Medizinische Psychologie*, v. 17, 1965, p. 221-5.

FREUND, K.; SETO, M. C.; KUBAN, M. "Frotteurism and the theory of courtship disorder". In: LAWS, D. R.; O'DONOHUE, W. T. (eds.). *Sexual deviance: theory, assessment, and treatment*. Nova York: The Guilford Press, 1997, p. 111-30.

GUAY, D. R. P. "Drug treatment of paraphilic and nonparaphilic sexual disorders". *Clinical Therapeutics*, v. 31, n. 1, 2009, p. 1-31.

HALL, RYAN C. W.; HALL, RICHARD C. W. "A profile of pedophilia: definition, characteristics of offenders, recidivism, treatment outcomes, and forensic issues [published correction appears In: Mayo Clinic Proceedings, v. 82, 2007, p. 639]". *Mayo Clinic Proceedings*, v. 82, 2007, p. 457-71.

HOUAISS, A. *Dicionário Houaiss da língua portuguesa*. Rio de Janeiro: Objetiva, 2001.

KINSEY, A. C. et al. *Sexual behavior in the human female*. Filadélfia: W. B. Saunders, 1953.

KRAFFT-EBING, R. *Psychopathia sexualis*. Nova York: Bell, 1965.

LOMBROSO, C.; LOMBROSO-FERRERO, G. (1911). *Criminal man*. Montclair: Patterson Smith, 1972.

MORENO, J. L. *Psicodrama*. São Paulo: Cultrix, 1997.

SCHOBER, J. M.; PFAFF, D. "The neurophysiology of sexual arousal". *Best Practice & Research Clinical Endocrinology & Metabolism*, v. 21, n. 3, 2007, p. 445-61.

STOLLER, R. J. *Perversion – The erotic form of hatred*. Londres: Karnac, 1986.

SULLOWAY, F. J. *Freud, biologist of the mind*. Nova York: Basic Books, 1979.

5. As doenças autoimunes na análise psicodramática

Virgínia de Araújo Silva

Durante muito tempo, a medicina negligenciou e até mesmo negou a importância dos fatores psicológicos nas doenças orgânicas. Gradativamente, essa aceitação foi se instalando e o campo das doenças psicossomáticas passou a se ampliar cada vez mais.

Hoje, a associação entre as doenças orgânicas e os fatores psicológicos é amplamente aceita em todos manuais de medicina psicossomática. Porém, ao examinarmos tais compêndios, podemos evidenciar dois grandes pontos:

- grande concordância em relação ao tipo de doenças que sofrem influência dos fatores psicológicos;
- enorme confusão e grandes discordâncias entre as explicações psicodinâmicas desses fatores e em relação aos referenciais das diversas escolas psicológicas adotados por cada autor.

O objetivo deste capítulo é sistematizar alguns conceitos psicodinâmicos, no âmbito da análise psicodramática, no que se refere à influência dos fatores psicológicos e emocionais nas enfermidades orgânicas e principalmente nas doenças autoimunes. Para tanto, recordemos alguns conceitos da análise psicodramática:

Entendemos como mecanismos de defesa do psiquismo os sintomas, condutas e procedimentos que o psiquismo adota, de forma consciente ou não, para evitar o contato do Eu consciente com o material excluído tanto da 1ª como da 2ª zona de exclusão.

Dividimos os mecanismos de defesa em seis grandes grupos:

- distúrbios funcionais;
- defesas intrapsíquicas (neuróticas, esquizoides e psicóticas);
- defesas de evitação (conscientes);
- defesas dissociativas;
- defesas projetivas;
- defesas de somatização.

A defesa de somatização é o deslocamento de um conflito da área psicológica para um órgão do corpo e, portanto, para uma área somática (orgânica).

Nas defesas de somatização, o conflito psicológico é descarregado em um órgão do corpo, causando lesões reversíveis ou irreversíveis conforme o tipo, a intensidade, a frequência e o tempo de duração. A angústia patológica ligada ao conflito psicológico também é descarregada nos órgãos do corpo. O indivíduo, assim, *deixa de sentir a angústia como sintoma psíquico e em seu lugar passa a sentir dor, prurido, queimação, cólicas etc.*

Dessa maneira, entendemos como *doença psicossomática toda e qualquer doença orgânica na qual ocorreu uma defesa de somatização, de forma transitória ou definitiva.*

Dividimos as doenças psicossomáticas em três grandes grupos, conforme os efeitos produzidos pelas defesas de somatização (descarga do conflito psicológico e da angústia patológica correspondente no órgão) que nelas se encontram assentadas[1]:

▶ *Quando a defesa de somatização é a causa direta da doença.*

Nesses casos, quando o conflito psicológico assentado no órgão e a angústia patológica correspondente voltam para a esfera psicológica, existe uma total remissão dos sintomas e das lesões no órgão afetado. Em contrapartida, o indivíduo passa a sentir a angústia patológica em sua forma psíquica e o conflito, antes somatizado, ganha contornos psíquicos, com sua psicodinâmica correspondente. Nesses casos, podemos falar em cura da doença psicossomática.

Estão nesse grupo: *alopecia areata, bursites, cefaleia tensional, dermatite atópica, dermatite seborreica, enxaqueca, hiperidrose, fibromialgia, lombalgia, retrocolite ulcerativa, tensão pré-menstrual, úlcera gástrica, urticária, gastrites, lesão de esforço repetitivo (LER), prurido, síndrome do cólon irritável* e outras.

▶ *Quando a defesa de somatização pode ser o desencadeante e/ou o agravante da doença.*

Nesses casos, o órgão afetado é o *sistema imunológico e as doenças são as chamadas de autoagressão ou autoimunes.*

---

1. Ver mais detalhes nos volumes I e III desta coleção.

Quando o conflito psicológico e a angústia patológica que estavam assentados no sistema imunológico voltam para o psicológico, observamos atenuação da doença e diminuição da intensidade e da frequência das crises. Não podemos, no entanto, falar em cura da doença psicossomática, e sim em abrandamento. Ressaltamos que nossa casuística é muito pequena e não sabemos, com exatidão, como ocorre a descarga no sistema imunológico.

Estão nesse grupo: *tireoidite de Hashimoto, anemia autoimune, doença de Graves, diabete melito, miastenia gravis, infertilidade espontânea, púrpura trombocitopênica idiopática, lúpus eritematoso sistêmico, esclerose múltipla, artrite reumatoide, escleroderma, síndrome de Sjögren, vitiligo, psoríase, doença de Crohn* e outras.

▸ *Quando a defesa de somatização agrava uma doença preexistente ou acelera o desencadeamento de uma doença para a qual o indivíduo já esteja predisposto.*

Nesses casos, quando o conflito psicológico e a angústia patológica retornam para a esfera psíquica, notamos abrandamento da evolução da doença e maior adesão do cliente ao tratamento, seja ele clínico ou cirúrgico. Não podemos falar em cura.

Estão entre esses casos: *aids, cardiopatias, hipertensão arterial, neoplasias, pneumopatias* e outras.

Nosso objetivo, neste capítulo, é aprofundar o estudo, lançar uma hipótese e abrir a discussão, no âmbito da análise psicodramática, no que diz respeito ao segundo grupo, ou seja, *as doenças autoimunes.*

A PSICODINÂMICA DAS DOENÇAS AUTOIMUNES NA ANÁLISE PSICODRAMÁTICA

A literatura médica conceitua como causa das doenças autoimunes uma disfunção do sistema imunológico de origem desconhecida. Acredita-se que as reações autoimunes sejam o resultado de uma combinação de fatores genéticos, hormonais, ambientais e psicológicos.

O grau de influência psicológica é variável, mas podemos considerar que possivelmente todas as doenças psicossomáticas sofram ação do psicológico sobre o somático. A questão complexa, tanto para a psicoterapia como para a medicina psicossomática, é descobrir se essa influência age como fator causal, desencadeante ou agravante da doença em questão.

A proposta deste capítulo é discorrer sobre as doenças autoimunes, além de apresentar uma possível hipótese da psicodinâmica envolvida e listar as principais doenças consideradas autoimunes ou de autoagressão.

Lembremos que o sistema imunológico é um sistema de defesa notavelmente adaptativo, desenvolvido nos vertebrados para protegê-los de micro-organismos patogênicos invasores.

O sistema imunológico funciona assim: uma vez que um corpo estranho (micro-organismo) tenha sido detectado e reconhecido, uma série de células e moléculas são recrutadas com o objetivo de montar uma reação adequada para isolar e eliminar o organismo invasor.

Devido a deficiências em seus componentes, a função protetora do sistema imune pode falhar e tornar-se um agressor, voltando seus terríveis poderes para seus hospedeiros.

Do ponto de vista imunológico, a mudança de protetor para agressor é a causa das doenças autoimunes.

Defesas que seriam consideradas normais tornam-se, dessa maneira, autodestrutivas. Enfrentam antígenos próprios como se fossem estranhos. Apresentam reação mal direcionada de causa não compreendida. Nossa hipótese incide exatamente nesse ponto: o mau direcionamento do sistema imune.

A primeira leitura psicológica que apresentamos é que o sistema imune, para cumprir sua missão de proteção do corpo, agride e mata os invasores. Portanto, ele é um agressor em potencial, que mobiliza seus "poderes terríveis" para matar, neutralizar e incapacitar os de "fora" (invasores) e, assim, proteger "os de dentro" (próprio organismo).

Nossa pergunta é: o que faz que o sistema imune resolva "mudar de lado", ou "perder a cabeça", e passe a atacar e destruir órgãos ou sistemas que deveria proteger? O que o leva a tornar-se agressor e assassino de seus protegidos?

Nossa resposta é: a possibilidade psicológica que encontramos é que o sistema imune foi influenciado, "envenenado", e suas funções redirecionadas contra seus protegidos.

Entendemos essas "influências envenenadoras" como as causas possíveis da formação das doenças autoimunes.

Desse modo, surge outra pergunta: quem (ou o quê) foi responsável por esse envenenamento e esse redirecionamento?

Nossa hipótese é: *o sistema imunológico foi influenciado por uma defesa de somatização!*

Em nossa experiência clínica, temos observado que a psicodinâmica das doenças autoimunes envolve conflitos psíquicos, geradores de cargas emocionais destrutivas como punição, agressão, inveja, ódio, desejos assassinos e desejos de morte ou, ainda, agressividade contida e autodirigida.

Dessa maneira, partimos da premissa de que conflitos psicológicos de conteúdo agressivo e destrutivo são deslocados da esfera psicológica para a somática (sistema imunológico), dando origem a esse redirecionamento da função de proteção para a agressão do sistema imune.

Com base nessa premissa, lançamos agora uma hipótese mais específica em relação à psicodinâmica das doenças autoimunes.

Um órgão ou sistema somático poderia estar sendo agredido em consequência de dinâmicas de figuras de mundo interno, punitivas ou destrutivas, camufladas ou disfarçadas como protetoras, que foram deslocadas, por uma defesa de somatização, da área psicológica para o sistema imunológico (área somática).

Por exemplo: vejamos a situação hipotética de uma mãe que, apesar de ter uma postura protetora em relação à filha, nutre por ela, de forma dissimulada, uma forte carga de inveja (destrutiva). Ou, então, uma situação de forte influência religiosa na qual existe uma carga punitiva (destrutiva) perante desejos incestuosos que um rapaz sente em relação à irmã.

Nos dois exemplos citados, teremos uma configuração psicológica internalizada na qual duas figuras de mundo interno (FMI) direcionam cargas de sentimentos destrutivos em relação ao indivíduo, configurando uma divisão interna, com geração de angústias patológica do tipo:

- Relação mãe/filha – Verdadeiro Eu (espera uma relação carinhosa e protetora da mãe) X FMI (mãe com uma carga de inveja dissimulada).

- Relação rapaz/religião – Verdadeiro Eu (sente desejos eróticos pela irmã) X FMI (religião que condena e pune tal sentimento).

Suponhamos que essas duas divisões internas se encontrem na esfera psicológica e por algum motivo sejam deslocadas para a esfera somática pela formação de uma defesa de somatização.

Lembremos que na defesa de somatização o conflito psicológico e a angústia patológica a ele acoplada são deslocados para um órgão somático.

À medida que essas divisões internas sejam deslocadas para o sistema imunológico, teremos a seguinte configuração: defesa de somatização assentada no sistema imunológico, de um conflito oriundo da esfera psíquica, apresentando forte carga emocional destrutiva (inveja e punição) contra o indivíduo.

Lembremos que na defesa de somatização o conflito psicológico e a angústia patológica a ele acoplada deixam de ser percebidos como psíquicos e passam a ser sentidos como sintomas somáticos.

Nossa hipótese é que o conflito psicológico carregado de cargas emocionais destrutivas e de angústia patológica possa, por efeito de uma defesa de somatização no sistema imunológico, desencadear um ataque destrutivo (autoimune) contra o próprio indivíduo.

Esse fenômeno, em nossa hipótese, seria responsável pelo mau direcionamento ou envenenamento do sistema imunológico, transformando-o de agente protetor em agente agressor do próprio organismo e, assim, desencadeando uma doença autoimune.

Não sabemos nem temos condição de avaliar quanto de predisposição, genética ou inata, já existia para essa doença, e se a defesa de somatização foi o desencadeante ou se existe uma relação direta, em graus variáveis, de causa e efeito.

O que podemos afirmar com certeza é que, à medida que a defesa de somatização é desmobilizada e o conflito somatizado retorna para a esfera psicológica, ocorre um abrandamento, tanto da intensidade como da frequência das crises, da doença autoimune.

Refutamos a ideia de que o sistema imunológico "ficou louco", ou a concepção de que foi instalada uma "loucura corporal".

Entendemos que o sistema imunológico continua saudável, inclusive utilizando as mesmas armas de sempre (anticorpos) para destruir os agentes intrusos. Ele se encontra, isso sim, envenenado e mal direcionado pelas cargas destrutivas psicológicas que foram somatizadas.

O sistema imune, desse modo, passa a atacar e destruir, com suas armas habituais, o próprio organismo que precisava defender.

Podemos identificar um paralelismo entre a agressão autoimune do sistema imunológico contra o organismo, na esfera somática, e a agressão das figuras de mundo interno (mãe e religião, nos exemplos citados) em relação ao verdadeiro Eu do indivíduo (filha e rapaz, respectivamente), na esfera psíquica.

Em suma, achamos que as cargas destrutivas das figuras de mundo interno, ao ser somatizadas no sistema imune, assumem o comando dele, influenciando sua ação e promovendo uma reação de "proteção equivocada".

O tema das doenças autoimunes é bastante atual e está em constante desenvolvimento na literatura médica. Os mecanismos bioquímicos e moleculares vêm sendo cada vez mais estudados.

Podemos listar, de maneira provisória, algumas doenças que compõem esse grupo das autoimunes:

- *Tireoidite de Hashimoto* – Reação inflamatória que causa bócio ou aumento visível da glândula tireoide. A ligação entre os autoanticorpos e determinadas proteínas interfere na captação do iodo e leva a uma produção menor dos hormônios da tireoide (hipotireoidismo).

Temos uma divisão somática na qual um agente (anticorpo) protetor se transforma em agente agressor (autoanticorpo) que ataca a tireoide, diminuindo a produção dos hormônios tireoidianos.

O hipotireoidismo parece ser um dos melhores exemplos de como uma patogênese postulada autoimune pode causar uma doença dirigida contra um órgão.

- *Anemia autoimune – Anemia perniciosa, anemia hemolítica autoimune e anemia hemolítica induzida por droga.* Compreende o grupo de doenças em que autoanticorpos atacam células vermelhas do sangue, causando diminuição no ciclo de vida dos eritrócitos.

No somático, os autoanticorpos agressores atacam os glóbulos vermelhos, clareando-os.

- *Doença de Graves – Hipertireoidismo.*

O portador da doença de Graves produz anticorpos contra os receptores de TSH. A ligação desses autoanticorpos ao receptor mimetiza a ação normal do TSH, resultando na produção de hormônios tireoidianos. Nesses casos, os autoanticorpos não são regulados e, consequentemente, estimulam a tireoide.

No somático, os autoanticorpos agressores atacam estimulando a tireoide.

- *Diabete melito* – É causada por um ataque autoimune no pâncreas, direcionado contra células especializadas que produzem insulina. Esse ataque autoimune destrói as células beta do pâncreas, acarretando diminuição na produção de insulina e, consequentemente, elevação do nível de glicose no sangue.

No somático, os autoanticorpos agressores atacam destruindo as células beta do pâncreas.

- *Miastenia gravis* – É o protótipo da doença autoimune mediada por anticorpos bloqueadores. Um paciente com essa doença produz autoanticorpos contra o receptor da acetilcolina na junção neuromuscular. Bloqueia a ligação normal da acetilcolina e induz a degradação dos receptores, resultando no progressivo enfraquecimento do sistema musculoesquelético. Finalmente, os anticorpos destroem os receptores.

No somático, o autoanticorpo ataca bloqueando e destruindo esses receptores.

- *Infertilidade espontânea* – Outra evidência de autoimunidade é encontrada nos casos de infertilidade. Ocorre produção de anticorpos contra componentes citoplasmáticos do ovário e contra o esperma.

No somático, os autoanticorpos agressores atacam bloqueando a produção de esperma ou dos óvulos.

- *Púrpura trombocitopênica idiopática* – Essa doença autoimune apresenta como sintoma sangramento na pele, nas membranas e nas mucosas. O mecanismo de trombocitopenia ocorre porque macrófagos removem plaquetas recobertas com autoanticorpos da circulação sanguínea.

No somático, os autoanticorpos agressores atacam removendo as plaquetas protetoras.

- *Lúpus eritematoso sistêmico* – É um dos melhores exemplos de doenças autoimunes sistêmicas. Os pacientes com esse quadro podem produzir autoanticorpos contra uma ampla gama de antígenos teciduais, tais como DNA, histonas, células vermelhas do sangue, plaquetas, leucócitos e fatores de coagulação. A interação desses anticorpos com seus antígenos específicos produz vários sintomas.

No somático, os autoanticorpos agressores atacam vários órgãos e sistemas corporais.

- *Esclerose múltipla* – Doença autoimune que afeta o sistema nervoso central. Os sintomas podem ser leves, como paralisia dos braços, ou severos, como paralisia corporal e perda de visão. Os pacientes com essa doença produzem células T autorreativas que participam da formação de lesões inflamatórias ao longo da bainha de mielina das fibras nervosas. Infiltram-se no tecido cerebral e causam lesões inflamatórias, destruindo a mielina. Como esta atua no isolamento das fibras nervosas, uma ruptura na bainha de mielina leva a numerosas disfunções neurológicas.

No somático, os autoanticorpos agressores atacam infiltrando-se no cérebro e destruindo-o.

- *Artrite reumatoide* – Considerada uma disfunção autoimune comum. O principal sintoma é a inflamação crônica das articulações, embora os sistemas hematológico, cardiovascular e respiratório também sejam afetados pelo processo inflamatório. Pacientes com artrite reumatoide produzem grupos de autoanticorpos denominados fatores reumatoides, que são depositados nas articulações e levam à inflamação crônica.

No somático, os autoanticorpos agressores atacam provocando inflamação crônica.

- *Escleroderma* – Doença autoimune mais rara, degenerativa, que leva à superprodução de colágeno nos tecidos conjuntivos. Pode ter efeitos localizados na pele ou efeitos sistêmicos mais disseminados nos órgãos internos e no sistema vascular.

No somático, os autoanticorpos agressores atacam provocando uma superprodução de colágeno.

- *Síndrome de Sjögren* – Ocupa o segundo lugar em frequência entre as doenças reumáticas autoimunes, após a artrite reumatoide. Afeta as glândulas salivares, lacrimais e labiais. Ocorre uma destruição das células parenquimatosas das glândulas salivares, conhecida como síndrome seca.

No somático, os autoanticorpos agressores atacam destruindo células.

- *Vitiligo* – Caracteriza-se pela presença de manchas acrômicas (sem pigmentação) na pele. As lesões formam-se devido à diminuição ou à ausência de melanócitos nos locais afetados. Vários fatores têm sido associados à etiopatogenia da doença. Os principais são: genéticos, ambientais e autoimunidades. Em relação à autoimunidade, o vitiligo tem sido considerado doença autoimune devido à associação positiva com patologias como tireoidite, diabete melito e alopecia areata.

No somático, os autoanticorpos atacam diminuindo a pigmentação da pele.

- *Psoríase* – Doença inflamatória crônica da pele. Um conjunto de fatores – genéticos, imunológicos e ambientais – é necessário para desencadear a doença. A hereditariedade desempenha papel na psoríase. A doença só se expressa clinicamente, no entanto, se uma reação imunológica induzida por linfócitos T se desenvolver na pele dos pacientes.

No somático, os autoanticorpos agressores atacam provocando uma inflamação crônica da pele.

- *Doença de Crohn* – Processo inflamatório que acomete o intestino delgado.

No somático, os autoanticorpos agridem provocando inflamação.

TRATAMENTO DAS DOENÇAS AUTOIMUNES

Em relação ao tratamento, a literatura médica afirma que a maioria das doenças autoimunes não tem cura, mas pode ser controlada com terapias anti-inflamatórias ou imunossupressoras.

Hoje, uma nova alternativa vem sendo estudada com o desenvolvimento de terapias com células-tronco. A pesquisa tem se concentrado em transplantes de células-tronco hematopoiéticas retiradas da medula óssea do próprio paciente. Essa terapêutica representa uma esperança para impedir a progressão da doença. Considera-se que talvez essas pesquisas sejam o primeiro passo para a cura das doenças autoimunes.

A medicina investe e avança em suas pesquisas na busca da cura das doenças autoimunes. E a psicologia?

A literatura psicossomática específica sobre o tema, além das terapias convencionais, nada de novo apresenta em relação ao tratamento psicoterápico das doenças autoimunes.

Na análise psicodramática, apresentamos uma incipiente proposta terapêutica baseada no conceito teórico a respeito da defesa de somatização:

- Desmobilizar a defesa de somatização para que o conflito somatizado retorne à esfera psíquica.
- Provocar a retirada das cargas psicológicas destrutivas somatizadas no sistema autoimune e redirecioná-las para a esfera psicológica, a fim de que sejam trabalhadas e desmontadas.

Sabemos que, por princípio, as vivências corporais e psíquicas são antitéticas: quando a vivência corporal (conflitos somatizados) se intensifica, a psíquica diminui (conflitos psicológicos), e vice-versa.

Como fazemos isso na análise psicodramática?

Até o momento, o procedimento que tem se mostrado mais eficiente é o método de terapia na zona de exclusão baseado principalmente na decodificação dos sonhos, no psicodrama interno e na sensibilização corporal.

É eficiente no sentido de reduzir os sintomas e controlar a progressão da doença para proporcionar ao paciente uma vida melhor. De acordo com nossa observação clínica, os pacientes do primeiro grupo de doenças psicossomáticas apresentam uma remissão total quando o conflito somático volta para a esfera do psicológico. Os pacientes do segundo grupo (autoimune) apresentam abrandamento da doença (diminui a frequência e a intensidade das crises), mas não podemos falar em cura. Os pacientes do terceiro grupo apresentam maior adesão ao tratamento, além de diminuição da evolução da doença quando o conflito somatizado volta para a esfera psíquica.

REFERÊNCIAS BIBLIOGRÁFICAS

BLUMENFIELD, M.; TIAMSON-KASSAB, M. *Medicina psicossomática*. Porto Alegre: Artmed, 2010.

DIAS, V. R. C. S. *Psicopatologia e psicodinâmica na análise psicodramática*. v. III. São Paulo: Ágora, 2010.

KINDT, T. J. et al. *Imunologia de Kuby*. Rio de Janeiro: Revinter, 2002.

MARTINS, G. A.; ARRUDA, L. "Tratamento sistêmico da psoríase". *Anais Brasileiros de Dermatologia*, v. 79, n. 3, maio/jun. 2004.

MELLO FILHO, J. *Psicossomática hoje*. Porto Alegre: Artmed, 2010.

SOMENSI, C. C. *Autoimunidade – Manual para laboratório clínico*. São Paulo: Arte & Ciência, 2002.

STEINER, D. et al. "Vitiligo". *Anais Brasileiros de Dermatologia*, v. 79, n. 3, maio/jun. 2004.

6. *Psicoterapia de casal*

MAI FERREIRA MAGACHO

A psicoterapia de casal é um processo realizado com ambos os parceiros e seu foco recai sobre o relacionamento entre eles. Mais precisamente, o foco está na *área compartilhada da relação* e não na individualidade dos parceiros.

Este capítulo está embasado na teoria da análise psicodramática criada pelo dr. Victor R. C. Silva Dias, em especial na teoria do vínculo conjugal e diagnóstico estrutural dos casamentos (Dias, 2000).

O que estou chamando de *área compartilhada*?

Para Philippe Caillé (1994), nos relacionamentos a matemática não é exata porque um mais um não é igual a dois (Figura 1), mas igual a três, pois, ao resolver ficar junto, o casal forma um terceiro elemento que é a *relação conjugal* ou *área compartilhada* (Figura 2).

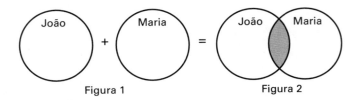

Figura 1   Figura 2

Área compartilhada

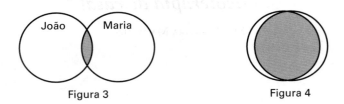

Figura 3   Figura 4

Em meu entendimento, a psicoterapia de casal costuma ser breve, pois está focada na área compartilhada da relação.

É um processo horizontal que não aborda os conflitos intrapsíquicos dos parceiros nem a história específica de vida das partes envolvidas. *O foco terapêutico é centrado na história da relação e em seus diferentes conflitos.*

Quais são as necessidades da relação?

A relação conjugal precisa ser protegida. Para existir, ela necessita de um espaço físico e psicológico a ser criado, exercido e protegido pelo casal (díade).

Espaço físico, normalmente o casal tem. "Quem casa quer casa", já diz o ditado. Mais difícil é construir o espaço psicológico compartilhado, no qual vai predominar o "Nós" e não o "Eu", como na Figura 2.

Muitos casais vivem juntos por anos, mas levando vidas paralelas sob o mesmo teto, porque o individualismo (Eu) predomina sobre a vivência partilhada (Nós), conforme mostrado na Figura 3.

Do mesmo modo, a individualidade de cada um dos parceiros deve ser preservada para evitar a sensação de sufocamento e de anulação que acontece quando existe uma predominância exagerada do compartilhado (Nós) em detrimento de algumas características particulares (Eu), conforme mostrado na Figura 4.

A área compartilhada, e seu respectivo espaço psicológico, é conquistada pelo casal por meio do diálogo franco e sincero, de projetos comuns, de parcerias, de cumplicidade e intimidades. Cada casal terá sua configuração da área compartilhada de modo que a expressão do "Eu" se harmonize e não se anule em função da expressão do "Nós", impedindo, assim, a competição entre essas duas instâncias tão importantes na vida do casal.

Ao alcançar essa harmonia ao longo da convivência, vem a constatação de que o relacionamento a dois, embora traga perda da individualidade, traz ganho na sensação de pertencer, de fazer parte de uma relação, de uma menor cota de solidão no mundo, além da referência para a construção de uma família.

Costumo dizer que esse espaço deve ser restrito ao casal, comparando-o a uma cerca imaginária (representada pela parte compartilhada na Figura 2) que deve delimitar o espaço, e que a proteção dessa fronteira está a cargo da díade. Em muitas situações, claro, essa fronteira será invadida. No nascimento dos filhos, por exemplo, a cerca momentaneamente vai ao chão – mas também é função do casal restabelecê-la, assim que possível, para preservar a relação homem/mulher.

Algumas famílias de origem são muito invasivas e não respeitam a individualidade do casal, agindo com eles como se fossem extensão da própria casa. O casal precisa exercer sua autonomia e impor limites. Para tanto, a cumplicidade deve estar com a relação conjugal e não mais com a família de origem ou com qualquer membro dela.

A relação precisa ser orientada pelo projeto de vida comum a ser criado pelo casal. É um processo que exige a conjugação do "nós", a determinação dos objetivos do casal – que muitas vezes não são os objetivos específicos de cada parceiro. É preciso adequar aspirações e ritmos para aspirar e caminhar juntos. A relação precisa ser cuidada porque tem necessidades próprias. Nem sempre o que é bom para cada um individualmente é bom para a relação. Lembremos que a relação é como um terceiro elemento, e não uma extensão de cada um.

Ao contrário de uma criança que exige atenção, a relação não se queixa, e os sinais de que não está sendo bem cuidada aparecem ao longo do tempo: afastamento, indiferença, cobranças, hostilidades, desencontros etc.

INDICAÇÕES PARA A TERAPIA DE CASAL

A psicoterapia de casal é indicada quando existe uma crise conjugal na qual o comportamento e as atitudes de um ou de ambos os cônjuges está interferindo de forma negativa na vida do outro ou de ambos e a díade não consegue estabelecer um diálogo produtivo sobre seus problemas e conflitos. Podemos dizer que o casal perdeu a continência sobre a relação e que a comunicação entre eles entrou em falência.

OBJETIVOS DA TERAPIA DE CASAL

Os objetivos da terapia de casal são esclarecer o motivo da tensão no vínculo conjugal e estabelecer ou restabelecer um diálogo franco e produtivo entre a díade. Tal diálogo deve permitir a manifestação clara de desencontros, mágoas, decepções, aspirações, desencantos, cobranças, injustiças e abrir possibilidade de novos acordos necessários ao retorno da harmonia à díade.

Conversar sobre a relação é, para muitos, tarefa enfadonha e improdutiva, pois as queixas geralmente se repetem, a conversa acaba em discussão e nada se resolve. Isso quase sempre acontece porque o diálogo não é sincero nem produtivo. É uma troca mútua de acusações na qual, enquanto um está falando, o outro está pensando na resposta e muitas vezes nem ouve os argumentos e o ponto de vista do parceiro.

Um dos principais objetivos da psicoterapia de casal é desenvolver técnicas de diálogo para que cada um possa se expressar e também ouvir os argumentos do parceiro, substituindo o "bate-boca improdutivo" por um diálogo franco e produtivo.

Esse modo de comunicação é bastante exigente, pois está implícita a capacidade de ouvir e de aceitar que o parceiro é diferente e não se encaixa como uma luva nas idealizações do cônjuge, bem como a necessidade fundamental de um posicionamento claro e transparente sobre aquilo que é desejado e muitas vezes não é possível. A relação que não dá espaço para o diálogo sincero acaba abrindo brechas para a omissão dos fatos e para a mentira, pois, se uma das partes ou ambas sentem que, por alguma razão, não podem falar a verdade, acabam por criar espaços paralelos aos quais o outro não tem acesso.

CONTRATO DA TERAPIA DE CASAL

Após a primeira entrevista com o casal e a avaliação do diagnóstico psicodinâmico (estrutural) da crise conjugal, estabelecemos o seguinte contrato:

- *Número de sessões a ser realizadas.* O diagnóstico estrutural do casamento nos informa em que vigas de sustentação do vínculo conjugal a crise está instalada. Uma crise na viga mestra de estruturação do vínculo conjugal indica uma crise mais severa do que aquela que esteja comprometendo uma das vigas auxiliares da sustentação do vínculo. Com isso, podemos propor um número de sessões que varia, normalmente, de oito a 15, com duração de 90 a 120 minutos cada uma. Na última sessão contratada, é feita uma avaliação; dependendo desta, damos por encerrado o trabalho ou contratamos algumas sessões de manutenção.

- *O cliente é a relação conjugal.* Dessa maneira, definimos que a terapia de casal é da área compartilhada e da relação. As dificuldades individuais e intrapsíquicas dos parceiros serão apontadas e dirigidas para um trabalho individual com outro terapeuta ou poderão ser abordados pelo próprio terapeuta, mas não na vigência do tratamento do casal.

- *As sessões sempre serão realizadas com a presença dos dois; na falta de um deles, a sessão será suspensa e remarcada.* O fato de as sessões serem realizadas somente com a presença do casal – e nunca com apenas uma das partes – facilita a imparcialidade do terapeuta. Além disso, é importante que não exista nenhum vínculo terapêutico prévio entre o terapeuta e uma das partes. Por isso, a terapia individual não pode se transformar em terapia de casal. O contrário é possível: após o término da terapia de casal, um dos parceiros pode optar por desenvolver um trabalho individual com o terapeuta. Nesses casos, se o casal necessitar novamente de terapia de casal, deve ser encaminhado a outro profissional.

‣ *As primeiras sessões terão intervalos semanais.* Posteriormente, serão feitas de forma quinzenal, para que o casal
tenha o tempo necessário para implantar, em seu cotidiano familiar, os temas levantados e trabalhados no *setting*
terapêutico.

O VÍNCULO CONJUGAL

Muitos dos contos infantis terminam com a mensagem
"casaram-se e foram felizes para sempre", deixando nas en-
trelinhas a falsa ideia de que a felicidade seria uma mera consequência do casamento. "Por que isso não aconteceu com a
gente?" e "O que foi que deu errado?" são perguntas que ficam no ar, cercadas de frustrações, desencantos e desilusões.
É assim que chegam os casais ao nosso consultório.

Para a análise psicodramática, o diagnóstico estrutural
dos casamentos é baseado na estruturação do *vínculo conjugal*. Este é composto de e sustentado por três outros vínculos que não se excluem e coexistem dentro do casamento:
o *amoroso*, o *de conveniência* e o *compensatório*. Um desses
três vínculos deu origem à aproximação sintônica do casal e
é chamado de viga mestra. Os outros foram se estruturando
posteriormente e são chamados de vigas auxiliares. Como já
foi dito, uma crise na viga mestra do casamento é muito mais
séria que uma crise numa viga auxiliar.

Vínculo amoroso

No vínculo amoroso, o foco de atração sintônico recai sobre
a pessoa do parceiro. Esse foco pode estar na área física e sexual,
na área afetiva e do gostar ou na área intelectual e de valores
de vida semelhantes. O foco de atração sintônico se instala em

qualquer dessas áreas e vai se disseminando para as outras, levando o casal a um estado de encantamento ou paixão.

Um casal nessas condições tem uma sensação de completude e um forte desejo de compartilhar a vida. No estado de encantamento e paixão, aos olhos dessa mulher, esse homem é perfeito e vai suprir todas as suas lacunas afetivas, e vice-versa.

Costumo dizer que a convivência é inversamente proporcional à paixão. Quando duas pessoas estabelecem um vínculo amoroso, estão em estado de encantamento e paixão, no qual os defeitos não são enxergados e impera a ilusão entre elas. À medida que iniciam o processo de convivência, obrigatoriamente instala-se uma fase de desencanto e de desilusão e a realidade do cotidiano começa a se impor ao casal.

Assim, a evolução do estado de encantamento e paixão será definida pela maneira como esse casal vai lidar com a fase de desencanto e de desilusão, normal na dinâmica evolutiva das paixões e dos encantamentos.

A paixão pode se transformar em amor – Isso acontece quando o casal consegue estabelecer um diálogo franco e produtivo a respeito das decepções e dos desencantos que surgem à medida que a fase de encantamento diminui pela ação da convivência constante. É importante que o diálogo seja franco e que cada um dos parceiros assuma suas deficiências, suas características menos nobres, suas neuroses, "esquisitices", impotências etc.

A relação de paixão, encantamento e ilusão é, assim, aos poucos substituída pela cumplicidade, pela tolerância, pelo bem-querer, pela confiança e pela real admiração, resultando no estabelecimento do sentimento de amor.

A paixão pode se transformar em ódio e hostilidade – Isso acontece quando o casal não aceita a fase de desencanto e desilusão e os cônjuges sentem-se enganados e ludibriados pelo parceiro. "Esta não é a pessoa que conheci e com quem me casei"; "Comprei gato por lebre"; "Você me enganou" etc.

A relação passa a ser uma eterna cobrança e troca de acusações, gerando um clima de hostilidade e mesmo de ódio! Não se estabelece um diálogo e muito menos um clima de amor.

A paixão pode se transformar em indiferença – Isso acontece quando o casal nega a existência da fase de desencanto e de desilusão em sua relação. Passam a estabelecer um diálogo falso, dissimulado e mentiroso no sentido de afirmar e reafirmar que tudo está como antes e que continuam apaixonados. Lançam mão de uma série de justificativas do tipo: "Estou muito cansado do trabalho"; "Depois que casa é assim mesmo"; "Essa tese de mestrado está me absorvendo muito"; "No ano que vem vamos tirar férias e tudo vai ficar ótimo" etc.

Quando não encara um diálogo franco e sincero a respeito das desilusões e desencantos, o casal passa a viver uma sucessão de justificativas, que vão criando um clima de distanciamento, falta de intimidade e esfriamento das emoções. Surge um abismo de comunicação que desemboca numa relação de indiferença.

Alguns casais chegam à terapia de casal tarde demais: a relação foi tão dilapidada e desconstruída por todo esse processo que fica muito difícil resgatar a intimidade, a cumplicidade e a parceria características e necessárias ao vínculo amoroso. Mais parecem inimigos ou desconhecidos que coabitam o mesmo espaço do que um casal que em algum momento do passado esteve profundamente envolvido e apaixonado. Perdeu-se a atração e a sintonia.

CRISE NO VÍNCULO AMOROSO

É caracterizada por esfriamento e distanciamento na relação do casal, por indiferença ou hostilidade de um em relação ao outro. O que está por trás desses sentimentos é toda a fase de decepção e desencanto que não foi devidamente trabalhada e absorvida pelo casal. Esse conjunto de decepções mal resolvidas vai minando a relação conjugal. O príncipe virou sapo e o encanto se quebrou! O outro não é quem eu imaginei e acreditei que fosse!

De acordo com a teoria da análise psicodramática, a crise do vínculo amoroso apresenta dois tipos de material de trabalho:

- Material manifesto – Conjunto de fatores que serviram como desencadeadores da crise. Pode ser o nascimento de um filho, infidelidade conjugal, uma crise financeira ou qualquer outra situação de estresse do casal.

- Material latente – Conjunto de decepções e desencantos que não foram devidamente elaborados e minaram a relação de cumplicidade, intimidade e confiança do casal. Esse conjunto funciona como um combustível que alimenta a crise e impede sua resolução.

ESTRATÉGIA PSICOTERÁPICA NA CRISE DO VÍNCULO AMOROSO

- Explicar que o processo de desencanto e desilusão foi desencadeado com a constatação de que o outro não corresponde às expectativas iniciais que cada um tinha durante a fase de encantamento. É importante mostrar ao casal que esse é um processo normal decorrente da própria convivência conjugal. Os casais costumam se sentir aliviados ao constatar que ter esses sentimentos não constitui um defeito em seu casamento e que essa fase de desencanto faz parte da evolução normal da relação.

- Fazer a correlação de que a crise atual (material manifesto) está relacionada com a crise crônica de falta de diálogo sobre as desilusões (material latente). Faltou espaço psicológico no convívio conjugal para o diálogo franco e sincero sobre desavenças, desencantos e desilusões.

- Utilizar a continência e as técnicas disponíveis no *setting* terapêutico para estabelecer um diálogo franco e sincero sobre os desencantos e desilusões acumulados durante todo o casamento. É uma fase de grande tensão e medo na terapia do casal, pois as verdades enfim serão ditas, mas o resultado disso é um grande alívio para os parceiros. Finalmente, eles podem, de forma protegida e com a mediação do terapeuta, pôr para fora os "sapos engolidos" durante muito tempo.

- Incentivar que o diálogo transcenda a terapia e se estabeleça no cotidiano do casal, possibilitando acordos, aparo de arestas, negociação de posições, resolução de conflitos e tudo que faz parte de uma vida compartilhada a dois.

Após esse processo, o casal poderá resgatar não a paixão inicial do casamento, mas momentos de encantamento que já fizeram parte de sua história e estavam amortecidos pela falta de comunicação.

Para ilustrar a questão, passemos a um relato de caso.

Cláudio (45 anos) e Antônia (42 anos) chegaram ao consultório em profunda crise conjugal de desconfiança, com uma comunicação bastante conturbada e grande hostilidade de ambas as partes. Cláudio estava indignado por ter descoberto uma infidelidade de Antônia e, ao mesmo tempo, constatado que a esposa era usuária de cocaína. Casados havia 18 anos, tinham um casal de filhos adolescentes.

Antônia também estava tensa e irritada porque não aguentava mais os longos interrogatórios e se incomodava com a desconfiança do marido. Não sabia mais o que fazer para mostrar que estava arrependida por tudo que havia acontecido.

Ambos concordavam que a separação não era a primeira alternativa, pois, apesar dos fatos recentes, se gostavam e procuravam uma possibilidade de continuar casados, embora a relação conjugal, no momento, estivesse muito ruim para ambos. Cláudio também se perguntava se conseguiria perdoar a infidelidade da esposa.

Ao longo das duas primeiras sessões, identificamos que a viga mestra do vínculo conjugal do casamento era o vínculo amoroso, e que essa crise era muito grave, pois se dava exatamente nessa viga mestra de sustentação.

A estratégia psicoterápica foi:

- Em relação à crise emergencial, esclareceu-se a crise de confiança instalada. Diante do fato de que ambos não desejavam uma separação, foi iniciada a reconstrução da confiança mútua. É um processo penoso e oneroso para ambas as partes. Para Antônia, no sentido de aguentar a desconfiança do marido; para Cláudio, a constatação de que "o vaso havia se quebrado" e a necessidade de descobrir se conseguiria conviver com a decepção e dar uma oportunidade para reconstruir da confiança na relação.

- Quanto à crise latente, evidenciou-se que ambos já se encontravam, havia algum tempo, num processo de afastamento, com a convivência permeada por um diálogo empobrecido, resumido a soluções do cotidiano familiar.

Por meio do levantamento da história de vida desse casamento, foram mapeadas as expectativas de um em relação ao outro e as decepções e os desencantos que se acumularam ao longo dos anos – que, por não terem sido devidamente discutidos, transformaram-se em mágoas, cobranças, ressentimentos e afastamento.

- Durante o processo e o desenvolvimento de um diálogo franco e sincero entre o casal, Antônia se dispôs a fazer um tratamento individual (que foi bem-sucedido) para se livrar do uso da cocaína.

- Foi um processo bastante exigente para ambos, com altos e baixos, incluindo uma separação pelo período de 15 dias, que reforçou a decisão de ficarem juntos. Ao final da terapia, o casal já apresentava um diálogo com menos acusações e mais propostas de entendimento. O processo de reconstrução da confiança estava caminhando e as decepções e os desencantos foram trabalhados. Aos poucos, o casal foi resgatando a convivência prazerosa que havia muito tempo não tinha mais. A terapia durou 12 sessões de duas horas cada uma, num período de quatro meses, e o casal conseguiu restabelecer sua relação de forma confortável para ambos.

Vínculo de conveniência

No vínculo de conveniência, o foco de atração sintônico encontra-se no "entorno" da pessoa. Está ligado às vantagens, oportunidades e soluções que a relação com o outro pode vir a oferecer para cada um dos parceiros.

É conveniente estar com o outro porque o casamento traz a solução de algo importante na vida dos cônjuges, seja de ordem financeira, profissional, social, dos anseios pessoais etc. Temos, como exemplo, pessoas que se casam porque querem ter uma família, filhos, porque o casamento traz o *status* ou a condição financeira almejados ou, ainda, uma oportunidade profissional, afasta-os da família de origem etc. Estamos falando de necessidades reais, pendências importantes na vida da pessoa para as quais, num determinado momento, ela só encontra solução naquele casamento.

O sentimento desencadeado num vínculo de conveniência é o de gratidão. Na maior parte dos casos, tal sentimento é tão forte que se confunde com o de amor e oferece uma vinculação consistente na relação.

Para a análise psicodramática, o vínculo de conveniência pode ser:

Conveniência explícita – Ocorre quando, por qualquer motivo, o casal promove um casamento de fachada, resultado de um acordo entre ambos ou entre seus familiares. Sabemos que os acordos entre famílias foram muito comuns no passado, principalmente entre a aristocracia. Hoje, no mundo ocidental, ainda temos alguns casamentos desse tipo, mas em geral eles resultam de negociações entre os próprios parceiros. Os mais comuns são os casamentos para obtenção de cidadania em determinado país.

Conveniência encoberta – Ocorre quando não existe um acordo claro ou preestabelecido entre os parceiros. Para o casal, o motivo do casamento é um real interesse pelo outro, o que em geral não deixa de existir, mas não é pessoa do outro a motivação principal do casamento. O foco de atração não está na pessoa, mas sim nas possibilidades que ela representa. O sentimento envolvido não é o de atração amorosa, e sim o de gratidão. São os famosos casamentos do "golpe do baú".

O objetivo pode ser ter um filho, disfarçar a homossexualidade, sair de casa, ter uma oportunidade profissional etc.

Conveniência sobre os frutos produzidos pelo casal – É relacionada aos direitos e deveres sobre aquilo que foi e está sendo construído pelo casal: filhos, dinheiro, convivência familiar, círculo social, direcionamento do lazer ou de investimentos etc.

Nesses casos, a crise consiste numa disputa de poder, de direitos e de deveres em relação a esses conteúdos. Cria-se uma verdadeira queda de braço entre os cônjuges.

Casais que se unem por conveniência explícita raramente chegam ao consultório para fazer psicoterapia de casal, a não ser que durante o casamento tenham surgido outros vínculos – mudando, assim, a configuração do casal.

CRISE NO VÍNCULO DE CONVENIÊNCIA ENCOBERTA

É desencadeada a partir do momento em que a conveniência é satisfeita para um ou para ambos os cônjuges. Em geral, eles têm alguma consciência, mas não muita clareza, sobre as conveniências envolvidas no casamento. Isso gera um esvaziamento afetivo na relação, à medida que a conveniência encoberta é satisfeita. O parceiro, ou o casal, para de se dedicar à relação pessoal e passa a investir apenas naquilo que envolve o objeto da conveniência, seja um filho, a carreira, o *status* social etc.

Assim, a crise no vínculo de conveniência encoberta é caracterizada por esvaziamento afetivo e consequente distanciamento entre os cônjuges. Às vezes, não existe nem disponibilidade para investir na terapia de casal. Em outras, a disposição para investir é dada pelo vínculo amoroso que se estabeleceu ou se fortaleceu durante o tempo de convivência.

Estratégia psicoterápica na crise do vínculo de conveniência encoberto:

- Esclarecer o casal sobre o esvaziamento afetivo e a falta de investimento na relação; identificar onde estava colocado o foco da conveniência dos parceiros.
- Pesquisar os outros dois vínculos (amoroso e compensatório), para estabelecer a possível base estrutural do casamento.
- Estabelecer um diálogo franco sobre as conveniências, as mágoas e os ressentimentos que se acumularam durante esse tempo.

Para ilustrar a questão, passemos a um relato de caso.

Fui procurada por Priscila (36 anos) e João (34 anos), que se mostravam muito desanimados e prestes a desistir do casamento. Só não tinham tomado essa decisão ainda por medo do impacto que essa atitude poderia ter sobre a vida do filho único, Pedro, de 6 anos.

Com referência ao histórico do casamento, Priscila disse que havia se casado porque tinha vontade de ter uma família própria, já que sua família de origem era desestruturada e as relações muito conturbadas, além do alívio de sair daquela casa. Conta que naquela época se relacionava bem com João e achava que ele seria um bom pai para os filhos que ela gostaria de ter.

João relatou que sua motivação era ter uma família, achava Priscila uma boa moça e eles estavam se relacionando bem.

Priscila relata que o primeiro ano de casamento foi bom, mas depois começou a sentir que João estava diferente, se interessava muito mais pelo trabalho, vivia cansado e não tinha disposição de sair ou passear, nem nos finais de semana. Começaram as desavenças, que foram piorando à medida que ela cobrava mais atenção dele e não obtinha resposta. Relata que depois do nascimento de Pedro a relação mudou ainda mais, porque ela se sentia muito cansada e absorvida pela função de mãe e parou de investir na relação como fizera até então.

Ambos admitem que não se sentem mais um casal, que não foi isso que imaginaram para o casamento e ambos estão infelizes.

Afirmam que Pedro é o centro das atenções, que o incluem em todas as programações e não sabem como fazer diferente. Como o filho dorme na cama dos pais, porque tem medo de dormir sozinho, as relações sexuais do casal foram se tornando cada vez mais escassas, muito diferente do tempo de namoro, quando eram constantes.

Identifiquei esse casamento como um vínculo de conveniência encoberta, pois o foco de atração estava nas possibilidades que cada um representava para o outro de alcançar metas almejadas.

Para Priscila, o foco principal era sair da casa dos pais, constituir família e ter filhos. João poderia possibilitar isso, além de ela se dar bem com ele. Para João, o foco estava na necessidade de constituir uma família. Priscila poderia possibilitar isso, além de ser uma boa moça e de ele se dar bem com ela.

Após um ano de convivência, João começou a deixar de investir na relação. Priscila, depois do nascimento do filho, também parou de se interessar. A relação sofreu um esvaziamento afetivo de ambas as partes, o casal foi se distanciando e a área compartilhada foi diminuindo.

Condução da terapia:

- Mostrou-se onde estava instalado o foco de interesse de cada um e quanto a relação tinha sido abandonada em função disso.
- Ambos não queriam se separar, mas achavam que o casamento, do jeito que estava, era muito insatisfatório. Para mudar isso, teriam de investir na relação e não só no filho.
- O vínculo amoroso foi trabalhado focando as expectativas e desilusões que o casal tinha sofrido nesse tempo. Isso serviu para fortalecer o vínculo conjugal pela existência de um diálogo franco e sincero.
- As sessões ajudaram a desenvolver a cumplicidade do casal na maneira de lidar com Pedro e mobilizaram a vontade deles de abrir espaço para retomar a relação homem/mulher.
- O casal apresentou muitas dificuldades para estabelecer alguns limites para o filho e, assim, resgatar o espaço físico e psicológico necessário à existência da relação homem/mulher. Foi fator determinante a reestruturação que João fez em relação a seus horários, propondo-se a dar mais atenção a Priscila e ao filho. O vínculo amoroso, embora fosse uma viga auxiliar na estrutura desse casamento, foi bastante fortalecido por meio do diálogo, criando um clima de cumplicidade entre o casal. A terapia durou cinco meses, num total de 15 sessões de duas horas cada uma.

CRISE NO VÍNCULO DE CONVENIÊNCIA DOS FRUTOS PRODUZIDOS PELO CASAMENTO

Diz respeito à divisão, ao uso, aos direitos e aos deveres sobre os frutos produzidos pelo casamento, sejam eles filhos, dinheiro, poder, importância, vontades, decisões etc. Gera competição entre os cônjuges.

Estratégia psicoterápica:

▶ Esclarecimento da competição e da disputa do casal; mapeamento dos objetos/objetivos que motivam a discórdia.

▶ Estabelecimento de um diálogo franco sobre as motivações e os interesses de cada um nos temas mapeados.

▶ Tentativa de negociação e acordos sobre os pontos de conflito.

Vamos a um Relato de caso.

Beth (49 anos) e Evandro (58 anos) formavam um casal sem filhos. Moravam com a mãe dela. Isso desagradava Evandro, que gostaria de ter a própria casa. Beth achava que estavam bem instalados: a residência era grande e espaçosa e a presença de sua mãe em nada interferia na vida do casal. Acreditava que faziam uma boa economia e só assim poderiam ter uma casa de praia, seu grande sonho.

Evandro achava que não havia sentido em ter uma casa de praia e não ter uma casa própria para morarem, e que essa eventual economia seria mais bem aproveitada como reserva para a aposentadoria. Beth não concordava, pois já tinham um plano de previdência privada, além do plano de aposentadoria do governo; como não tinham filhos, isso já era suficiente para os dois. Evandro argumentava que o fato de não terem filhos aumentava a chance de mais gastos na velhice.

Eles estavam constantemente brigando e discutindo sobre a condução e o rumo da vida do casal, sobre a melhor maneira de investir o dinheiro e sobre de quem era a opinião que deveria prevalecer.

Beth e Evandro estavam disputando os direitos e obrigações que cada um tinha com relação aos frutos produzidos pelo casal e não conseguiam entrar em acordo.

Condução da terapia:

- Foi apontada a competição e a "queda de braço" que o casal estava enfrentando em função dos frutos produzidos pelo casamento e pela vida conjugal.
- Foi instalado um diálogo franco e sincero sobre as decepções ocorridas ao longo dos anos, o que fortaleceu o vínculo amoroso e permitiu um clima afetivo mais continente para realizar as negociações e os acordos sobre os pontos controversos da vida conjugal.
- A discussão foi direcionada para os acordos necessários, a fim de de procurar uma solução para os impasses.
- Ao longo do processo, Evandro se convenceu de que poderiam continuar vivendo na casa da sogra, mas em contrapartida negociaram que começariam a procurar um sítio perto de São Paulo onde passariam finais de semana prolongados, já que estavam próximos da aposentadoria. Vários outros pontos foram negociados e as expectativas de ambos em relação ao casamento foram trabalhadas, criando uma postura conjugal de menos competição e mais parceria. A terapia durou quatro meses, com oito encontros quinzenais de duas horas de duração.

Vínculo compensatório

Vínculo de dependência neurótica no qual existe uma delegação de função psicológica – que seria de responsabilidade de cada um – para o outro. São delegadas funções como cuidado e proteção (ingeridores); avaliação e julgamento (defecadores); orientação e condução (urinadores). (Vide o volume II desta coleção.)

O que caracteriza essa vinculação, nos casamentos, é que o foco de atração sintônico não está na pessoa do parceiro (vinculo amoroso) nem nas possibilidades que ele oferece (vínculo de conveniência), e sim na função psicológica que ele complementa.

Vemos que, nesse tipo de vinculação, o parceiro 1 delega a responsabilidade de uma função psicológica (cuidado, avaliação ou orientação), que é de sua responsabilidade, ao parceiro 2 (função delegada); este complementa essa função (função complementar interna patológica) e vice-versa. O casal fica, assim, refém de uma dependência mútua e neurótica. São aqueles casamentos ruins, porém muito estáveis. O vínculo compensatório cria uma ilusão de unicidade e completude em cada um dos parceiros. É como se o parceiro representasse a complementação de um pedaço que estava faltando no psiquismo do outro.

O elemento de suporte desses casamentos não é o desejo de ter aquele parceiro, mas o medo de perdê-lo e, com isso, de perder a ilusão de estar inteiro, com o psiquismo completo.

A evolução do vínculo compensatório passa por uma fase inicial em que existe euforia e contentamento, com a sensação de que aquele parceiro é o complementar ideal; com o passar do tempo, a complementação patológica (função delegada) começa a pesar para cada um dos parceiros e as complementações deixam a desejar. Quando isso ocorre, instalam-se expectativas, cobranças e exigências para que a função delegada volte a ser complementada. À medida que que isso não acontece, surge um clima de hostilidade e de acusações de falta de amor/de consideração de cada um para com o outro.

CRISE NO VÍNCULO COMPENSATÓRIO

É constituída de mágoas, cobranças, acusações e hostilidades porque o outro deixou de cuidar, proteger, avaliar ou orientar. Esse afastamento de complementação da função delegada desencadeia uma sensação de intenso desamparo, de estar sem saída, de morte e de profunda desilusão em cada um dos parceiros. (Vide o volume II desta coleção.)

Estratégia psicoterápica na crise do vínculo compensatório:

- Evidenciar as funções delegadas e as expectativas de complementação patológicas de cada parceiro em relação ao outro.

- Evidenciar as queixas que ocorrem por conta das funções delegadas e mostrar a responsabilidade de cada um que está sendo transferida para o outro. O rompimento ou o desmonte do vínculo compensatório deve ser feito em um processo de psicoterapia individual e não na terapia de casal.

- Trabalhar o vínculo amoroso para melhorar a sustentação do casal, a fim de que cada um assuma suas responsabilidades sem o clima de cobrança e hostilidade.

Relato de um caso:

Joyce (28 anos) e Eduardo (35 anos) eram casados havia quatro anos. Buscaram a terapia de casal porque o casamento não transcorria como tinham imaginado; existia um clima de hostilidade, chegando a ocorrer episódios de agressão física.

Na pesquisa da história da relação, verifiquei que tiveram um namoro rápido e se casaram para morar juntos em São

Paulo, pois vinham de outro estado, onde deixaram familiares e amigos.

Joyce relatou que no início da relação as interferências e os cuidados de Eduardo eram bem-vindos e ajudavam muito: ele era mais velho, tinha mais experiência e ela se sentia protegida. Isso facilitara a adaptação dela numa cidade grande como São Paulo. Porém, aos poucos, essa tutela passou a incomodar. Eduardo queria que ela fizesse tudo do jeito dele e os ritmos eram muito diferentes.

Eduardo relatou que quando encontrou Joyce sua vida estava muito sem sentido, não gostava da atividade profissional que exercia nem tinha um plano diretor de vida. O contato com ela o encantou, deu a ele novo ânimo e uma diretriz. Queixou-se de que no início ela acatava melhor suas opiniões e gradualmente se tornou rebelde e passou a querer fazer tudo do jeito dela. Achava que ela estava equivocada na maneira como conduzia a vida e que não mais o escutava.

A tutela de Eduardo sobre Joyce e as diretrizes de Joyce em relação a Eduardo formaram um foco de atração sintônico em que ambos se sentiam mais completos. Com o passar do tempo, no entanto, essa tutela começou a sufocar Joyce, e as diretrizes que ela estava dando à própria vida desorganizavam as diretrizes que Eduardo queria para a vida do casal.

Joyce tinha delegado a Eduardo a responsabilidade da função de cuidar dos interesses dela (função delegada de ingeridor), ao passo que Eduardo tinha delegado a Joyce a responsabilidade de orientar as direções e os rumos da vida dele (função delegada de urinador).

Condução da psicoterapia:

- Foram evidenciados e exemplificados os vínculos compensatórios e as respectivas funções delegadas. Ficou claro que Joyce precisava assumir a responsabilidade de proteger seus interesses e cuidar deles, e não esperar ou cobrar que Eduardo assumisse isso. Também ficou claro que Eduardo precisava assumir a responsabilidade sobre as diretrizes da própria vida, segundo suas vontades e aspirações, sem ficar esperando ou cobrando que Joyce fizesse isso por ele. Como ambos faziam psicoterapia individual, levaram esses temas para as respectivas terapias.

- O vínculo amoroso foi fortalecido por meio de um diálogo franco sobre as reais expectativas e as desilusões que cada um tinha a respeito do outro, sem o encargo das funções delegadas.

- Por meio de um diálogo produtivo, foram trabalhadas algumas arestas relacionadas ao uso do dinheiro que começavam a onerar a relação. Nesse caso, o trabalho com as decepções e os desencantos foi importante porque, embora se tratasse de um casal jovem, a vida sexual estava afetada. As brigas constantes dilapidavam o vínculo amoroso e a admiração entre ambos encontrava-se abalada. A conscientização sobre o vínculo de dependência entre ambos trouxe uma mobilização importante e rápida para que cada um assumisse a responsabilidade de cuidar da própria vida. Embora com tropeços, o casal conseguiu, com certo alívio, administrar sua rotina diária. Eduardo iniciou uma terapia individual e começou a tratar de seus assuntos profissionais. Joyce começou a assumir a responsabilidade de administrar sua rotina diária sem a tutela de Eduardo.

Observamos que nesse caso trabalhamos os três vínculos: o amoroso, por meio de um diálogo franco e produtivo sobre as decepções; o de conveniência (frutos produzidos pelo casal), em acordos com relação à utilização do dinheiro; o compensatório, que era a viga mestra na qual estava instalada a crise que trouxe o casal à terapia. Foram realizadas 13 sessões de duas horas cada uma, num período de cinco meses.

TÉCNICAS UTILIZADAS NA TERAPIA DE CASAL

Na terapia de casal, podemos utilizar qualquer técnica psicodramática, sendo as principais a *tribuna* e a *escultura familiar*.

Ténica da tribuna

Permite organizar a comunicação durante a sessão do casal. Consiste em determinar uma cadeira na sala (tribuna) e fazer que cada parceiro ocupe-a de forma alternada e ao comando do terapeuta. Só pode falar quem estiver ocupando a tribuna, e a fala deve ser dirigida ao terapeuta. O parceiro que está fora da tribuna deve escutar e não interromper nem apartear o parceiro que está falando. Ele poderá se expressar em seguida. O terapeuta, por sua vez, pode questionar, argumentar ou pedir esclarecimentos para o parceiro que está falando na tribuna. Esse processo é alternado ao comando do terapeuta, de modo que cada parceiro ocupe a tribuna por várias vezes durante a sessão.

Em minha experiência, essa é a melhor técnica tanto na psicoterapia de casal como na de família, pois assegura ao terapeuta o controle e o gerenciamento da pauta da sessão.

As principais vantagens do uso da técnica da tribuna são:

▸ Impede que se instale o "bate-boca" no *setting* psicoterápico. No "bate-boca", ninguém escuta o argumento do outro até o fim porque, enquanto um dos parceiros está falando, o outro já está pensando nos argumentos para rebater. Além disso, a carga emocional é muito forte, pois a fala é dirigida diretamente ao outro. Na tribuna, quem fala é o parceiro que está lá. Dessa maneira, ele pode transmitir sua argumentação até o fim. A resposta do outro vai ser dada quando ele ocupar a tribuna, e não antes. Como a fala é dirigida ao terapeuta, a carga emocional envolvida existe, mas é sempre menos contundente.

- A tribuna é uma técnica de comunicação democrática porque garante a ambos o direito e o tempo de falar e de ser ouvido. Segundo Victor Dias, "a tribuna tira a maioria silenciosa do silêncio e silencia a minoria gritante".

- Em algumas situações, a tribuna exerce a mesma função da técnica psicodramática do espelho, na medida em que o parceiro observador vê e ouve seus argumentos por meio da fala do parceiro que está falando. Isso pode ser bastante ampliado quando utilizamos a tribuna com a inversão de papéis, na qual um parceiro toma o papel do outro com suas respectivas falas e argumentos.

- A tribuna também funciona como uma cena de descarga, pois várias falas com carga emocional são expressas para o terapeuta de modo muito mais tranquilo do que se fossem ditas diretamente ao parceiro, que está só ouvindo.

Técnica da escultura

Consiste em pedir que o casal monte mentalmente uma imagem da relação conjugal; depois, essa imagem é concretizada utilizando o próprio casal como modelo. Muitos casais ficam surpresos e até chocados perante a imagem construída pelo outro ou com a própria imagem. Fica evidenciado o *status* da relação – como distanciamento, falta de sintonia, indiferença, falta de projeto de vida comum etc.

TERAPIA DE CASAL E SEPARAÇÃO

Muitas pessoas têm dúvidas sobre a função da terapia de casal. Boa parte delas acha que ela serve para unir o casal, como disse um cliente no primeiro contato: "Quero fazer terapia de casal, mas sem a obrigação de decidir por manter a relação conjugal". Outros, por sua vez, acham que a função da terapia de casal pode ser a de separar os cônjuges, como um casal definiu: "Estamos procurando a terapia porque não queremos nos separar, mas ouvimos dizer que depois das sessões são raros os casamentos que continuam".

Quero esclarecer que a função da terapia de casal não é juntar nem separar o casal. Seu papel é o de interlocutor e facilitador da comunicação entre o casal, esclarecendo e explicitando a dinâmica da relação conjugal e apontando e trabalhando as áreas de conflito dessa relação. É de fundamental importância ressaltar que o cliente na terapia de casal é a *relação conjugal*, e que a função da terapia é tratar a *doença da relação conjugal* e não os problemas neuróticos dos parceiros. Esses problemas muitas vezes interferem na relação conjugal. Nesses casos, eles são identificados e o parceiro em questão deve trabalhar isso num processo de psicoterapia individualizado e com outro terapeuta.

Normalmente, a terapia de casal se inicia baseada na premissa de que os parceiros não querem se separar, salvo se for impossível encontrar outra solução. Ambos estão dispostos a investir na relação.

Alguns casais chegam à terapia com a decisão de separação praticamente tomada, como se estivessem dando uma última chance à relação conjugal.

Quando o casal ou um dos parceiros já vem com a decisão de separação tomada, o processo consiste em trabalhar a forma da separação, principalmente quando há outras pessoas envolvidas, como filhos ou dependentes. Nesse caso, a terapia trabalha para que o casal possa encontrar o maior número possível de acordos, tornando a separação o menos traumática possível.

Muitas separações se tornam extremamente problemáticas, tanto para o casal como para os filhos, em função da maneira inadequada como os adultos administram a situação, jogando filhos um contra o outro, barganhando a guarda destes ou a divisão dos bens.

A terapia de casal, durante o processo de separação, tem a função de:

▶ Ajudar a ambos a compreender as desavenças que aconteceram, abrindo espaço para falarem dos sentimentos e condutas mal resolvidas que se somaram ao longo do tempo e terminaram por inviabilizar a continuação do casamento. O objetivo desses esclarecimentos não é fortalecer o vínculo amoroso como descrito anteriormente, mas desobstruir o canal de comunicação, tão necessário para um processo de separação consensual. Em outras palavras, muitas separações que desembocariam em uma ação judicial se transformaram em separações consensuais em consequência da terapia de casal.

▶ Ajudar o casal a fazer um levantamento das possíveis conquistas e heranças que essa experiência trouxe para cada um dos parceiros, minimizando assim o sentimento de derrota e fracasso perante a separação.

▶ Ajudar a construir um clima de cordialidade para intermediar e possibilitar os acordos necessários ao funcionamento da relação após a separação, principalmente quando existem filhos, dependentes ou patrimônio que dependem de uma esfera da atuação conjunta.

Relato de um caso:

Joana e Wagner procuraram a terapia de casal porque sentiam um grande afastamento entre ambos; a comunicação se resumia a decisões pontuais sobre os dois filhos e sobre o funcionamento da casa. A parte societária do casamento estava intacta, mas a relação amorosa homem/mulher era praticamente inexistente.

Wagner não queria se separar. Buscava uma reaproximação para que pudessem resgatar a boa convivência que haviam tido no passado. Joana de início parecia muito confusa em relação aos seus sentimentos e tinha dificuldade de expressar uma posição. Foi incentivada a estabelecer um diálogo franco e, dessa maneira, conseguiu clarear sua posição: já tinha decidido se separar. Sentia dificuldade de assumir sua real posição e assim ficar com o ônus da separação.

Num primeiro momento, Wagner resistiu à ideia de separar-se. Com o andamento das sessões, ficou claro que o casamento amoroso já tinha terminado havia algum tempo. Ambos eram muito próximos dos dois filhos e optaram por exercer a guarda compartilhada, decidindo de comum acordo comunicar aos filhos essa decisão. Combinaram que Joana continuaria a morar no apartamento em que estavam e Wagner alugaria um imóvel perto da residência atual.

Ao final do processo, que foi realizado em oito sessões quinzenais, ambos já se encontravam relativamente estáveis, numa nova rotina que julgavam ser adequada às crianças e a eles mesmos. Wagner tinha alugado um apartamento na mesma rua, e para Joana isso estava confortável. Demonstravam um comportamento amistoso e cooperativo entre ambos.

VARIANTES DA TERAPIA DE CASAL

Seguindo as mesmas diretrizes da terapia de casal, podemos trabalhar com outras configurações com duas ou mais pessoas, como: famílias (pais e filhos), comunidade de irmãos, terapia de sócios ou terapia de pares como pai e filho/a, mãe e filho/a, tio/a e sobrinho/a etc.

Tenho trabalhado com todas essas configurações nas mesmas bases em que realizo a terapia de casal. Ou seja, o objetivo continua sendo esclarecer a dinâmica das relações promovendo um diálogo franco e sincero entre as partes e estabelecendo ou restabelecendo a comunicação sobre os pontos conflitantes em questão.

A técnica de escolha continua a ser a *técnica da tribuna* dirigida pelo terapeuta, e o cliente continua a ser a *relação entre as partes*.

O contrato também é colocado da maneira anteriormente descrita para a terapia de casal: atender os dois participantes sempre juntos. No caso de famílias ou grupos com mais de duas pessoas, podemos continuar atendendo os outros na ausência de alguém que queira desistir do processo.

Relato de um caso:

Certa vez, recebi uma família composta de pai, mãe e quatro filhas adultas. No final do primeiro atendimento, o pai resolveu que não continuaria o processo, pois não acreditava que este pudesse levar a algum tipo de resultado.

As filhas e a mãe demonstraram desejo de continuar e assim realizamos sete sessões, presentificando o pai ausente por meio de uma almofada em uma cadeira. Sempre que houve necessidade do possível posicionamento do pai, isso era feito pela técnica de tomada de papel (a mãe ou as filhas assumiam o papel do pai). Assim, conseguíamos saber o possível posicionamento do pai ausente por meio da percepção dos indivíduos presentes.

Uma situação que ocorre com relativa frequência é a terapia familiar se transformar em terapia de casal, ou a terapia de casal tornar-se terapia familiar. Muitas vezes, trabalhamos dinâmicas familiares que são dependentes ou estão interferindo na área compartilhada do casal. Nesses casos, é melhor suspender o atendimento familiar e tratar das pendências do casal. Em seguida, retorna-se ou não ao atendimento familiar, dependendo da necessidade. Também pode acontecer de, numa terapia de casal, tornar-se importante a inclusão da família ou de algum de seus membros.

O trabalho realizado na terapia de casal também auxilia nas psicoterapias individuais, na medida em que o "cara a cara" que ocorre na terapia de casal melhora a percepção de cada parceiro individualmente, possibilitando a aceleração do processo de psicoterapia individual. O contrário também ocorre, pois a terapia de casal transcorre de maneira mais rápida e eficiente quando um ou ambos os parceiros estão se tratando de forma individual.

Às vezes, finda a terapia de casal, um dos parceiros resolve continuar com o terapeuta para um processo individual. Fica a cargo do terapeuta a decisão de aceitar ou não, conforme a dinâmica desenvolvida em consultório. Caso o terapeuta assuma um dos parceiros individualmente, uma possível volta da terapia do casal deve ser feita com outro terapeuta.

REFERÊNCIAS BIBLIOGRÁFICAS

ANDOLFI, M. et al. *O casal em crise*. São Paulo: Summus, 1995.

BUSTOS, D. *Perigo... Amor à vista!*. São Paulo: Aleph, 1990.

CAILLÉ, P. *Um e um são três: o casal se autorrevela*. São Paulo: Summus, 1994.

CALIL, V. L. L. *Terapia familiar e de casal*. São Paulo: Summus, 1987.

DIAS, V. R. C. S. *Análise psicodramática e teoria da programação cenestésica*. São Paulo: Ágora, 1994.

_____. *Vínculo conjugal na análise psicodramática*. São Paulo: Ágora, 2000.

_____. *Psicopatologia e psicodinâmica na análise psicodramática*. v. I. São Paulo: Ágora, 2006.

DIAS, V. R. C. S.; SILVA, V. A. *Psicopatologia e psicodinâmica na análise psicodramática*. v. II. São Paulo: Ágora, 2008.

DIAS, V. R. C. S. e cols. *Psicopatologia e psicodinâmica na análise psicodramática*. v. III. São Paulo: Ágora, 2010.

ELKAÏM, M. *Se você me ama, não me ame*. Campinas: Papirus, 1990.

MINUCHIN, S.; FISHMAN, H. C. *Técnicas de terapia familiar*. Porto Alegre: Artes Médicas, 1990.

SEIXAS, M. R. D. *Sociodrama familiar sistêmico*. São Paulo: Aleph, 1992.

SATIR, V. *Terapia do grupo familiar*. Rio de Janeiro: Francisco Alves, 1993.

VASCONCELLOS, M. (org.). *Quando a terapia trava*. São Paulo: Ágora, 2007.

WATZLAWICK, P. et al. *Pragmática da comunicação humana*. São Paulo: Cultrix, 2007.

7. A psicoterapia com adolescentes na análise psicodramática

Regina Maura Beni

Adolescer significa surpreender.

O trabalho psicoterapêutico com adolescentes, por mais experiência, prática clínica e conhecimento teórico que se tenha, será sempre uma surpresa, um laboratório permanente para o estudo e a pesquisa do psiquismo humano, pelo singular fato de ocorrerem constantes transformações físicas e psicológicas ao mesmo tempo. A adolescência vem na forma de um "pacote".

Contida entre a infância e a idade adulta, a adolescência nos obriga a estudar grande parte do desenvolvimento humano. A visão do terapeuta de adolescentes deve ser obrigatoriamente maior, numa amplitude que se estende por três fases evolutivas: além da própria adolescência, a infância e a idade adulta.

Trabalhar com adolescentes também nos obriga a trabalhar com seus grupos familiares ou tutelares, ampliando ainda mais a abrangência psicoterápica.

Os costumes da adolescência atual, seus comportamentos, crenças, grupos sociais, composições familiares, informações, valores culturais, práticas sexuais, relação com drogas, filosofias etc. mudaram surpreendentemente nos últimos 30-40 anos.

Entramos na era da pós-modernidade e a adolescência de hoje nada mais tem que ver com a adolescência de apenas uma geração anterior, o que reforça os impactos sempre existentes entre gerações. Estes de agora, entretanto, mostram-se maiores e carregados de desespero, tumultos, dúvidas, conflitos e muita angústia.

Constato serem duas as principais modificações na evolução da adolescência contemporânea. A primeira é que a adolescência, até bem pouco tempo, vinha sendo tratada como uma transição entre a infância e a idade adulta, tendo sido utilizados métodos de terapia adaptados dessas duas etapas de desenvolvimento. Hoje, isso já não preenche mais as necessidades da adolescência contemporânea, tornando o processo terapêutico inclusive ineficiente. Assim, a adolescência é toda uma etapa evolutiva e não apenas uma breve passagem entre etapas do desenvolvimento humano.

A segunda modificação constatada é que houve um alargamento significativo na duração da fase, que antes (quando conceituada como transição entre fases) se resolvia em poucos anos, cinco ou seis no máximo. Esta, agora, pode se estender por até 15 anos, dependendo da conceituação. A adolescência "atropelou" a infância e "invadiu" a idade adulta, demandando, assim, um largo espaço de tempo para ser resolvida.

A abordagem teórica deste capítulo está embasada no psicodrama, criado por Jacob Levy Moreno, e na análise psicodramática, criada por Victor R. C. Silva Dias.

DEFINIÇÃO DE ADOLESCÊNCIA

Nas disposições preliminares do Livro I, Título I, Artigo 2º do Estatuto da Criança e do Adolescente, encontra-se a seguinte definição legal de adolescência:

> Considera-se criança, para efeitos desta lei, a pessoa até 12 anos de idade incompletos, e adolescente aquela entre 12 e 18 anos de idade.
>
> Parágrafo único. Nos casos expressos em lei, aplica-se excepcionalmente este Estatuto às pessoas entre 18 e 21 anos de idade.

No *Novo dicionário Aurélio da língua portuguesa*, temos a seguinte definição de adolescência:

> Adolescente. Do latim *adolescentia*.
>
> 1 – O período da vida humana que sucede à infância, começa com a puberdade, e se caracteriza por uma série de mudanças corporais e psicológicas (estende-se aproximadamente dos 12 aos 20 anos).
>
> 2 – Psicológico. Período que se estende da terceira infância até a idade adulta, marcado por intensos processos conflituosos e persistentes esforços de autoafirmação. Corresponde à fase de absorção dos valores sociais e elaboração de projetos que impliquem plena integração social.

Definição médica de adolescência segundo o *Dicionário Médico Dorland*: "Período entre a puberdade e o término do crescimento físico, de modo geral entre os 11 e os 19 anos".

De acordo com Victor Dias, na análise psicodramática, a adolescência é o período da formação da identidade sexual, tanto masculina como feminina, dos homens e das mulheres.

Compreende as seguintes fases:

- Autoerótica – Comum a ambos os sexos, inicia-se na puberdade, atualmente entre 9-10 anos.
- Homossexual – Compreende a fase entre 10 e 13 anos e é responsável pela formação da identidade sexual feminina nas meninas e da identidade sexual masculina nos meninos.
- Transição – Compreende a fase entre 13 e 17 anos e é responsável pela formação da identidade sexual masculina nas moças e da identidade sexual feminina nos rapazes.
- Heterossexual – Tem início aos 17 anos e perdura por toda a vida.

A identidade sexual masculina é resultante da fusão entre o *modelo masculino preexistente* (MMPE) e a *identidade masculina idealizada* (IMI).

A identidade sexual feminina é resultante da fusão entre o *modelo feminino preexistente* (MFPE) e a *identidade feminina idealizada* (IFI).

Tanto a identidade masculina idealizada (IMI) como a identidade feminina idealizada (IFI) são contribuições (acréscimos) individualizadas de cada adolescente na formação do seu conceito de identidade.

Dessa maneira, podemos dizer que todas essas mudanças e transformações trarão um acréscimo, uma contribuição a esse novo indivíduo. Tais acréscimos permitirão que esse novo indivíduo tenha características próprias e únicas, que não se transmitem pela família nem pelos modelos preexistentes. Assim, ao final da adolescência e da formação da identidade sexual, surgirão um homem e uma mulher novos.

Conceituo a adolescência contemporânea como *uma etapa do desenvolvimento humano caracterizada por muitas cri-*

ses conflituosas de transformações e acréscimos biopsicossociais que ocorrem de forma simultânea, associados em curtos e abruptos intervalos de tempo, por um longo período. Esses acréscimos e transformações promovem reorganizações estruturais em dois níveis:

- Físico, com o surgimento dos hormônios, mudanças corporais e eclosão da libido.
- Psicológico, com uma profunda estruturação do conceito de identidade, influenciado pela formação da identidade sexual.

Esses fenômenos acontecem durante um longo período, marcado por desequilíbrios e instabilidades intensas que se manifestam com uma característica única: a oscilação de tendências contraditórias, às vezes avançando para a idade adulta e outras vezes regredindo para a infância.

As finalidades evolutivas da adolescência são:

- Transformações biológicas – preparar o jovem para a plena execução das funções reprodutivas.
- Transformações psicológicas – prepará-lo para a consolidação da identidade sexual, dentro do conceito de identidade.
- Transformações sociais – prepará-lo para a conceituação de valores próprios.

Cronologicamente, a adolescência se inicia na puberdade (mais ou menos aos 10 anos) e termina por volta dos 17-18 anos, embora os aspectos sociais envolvidos possam prolongá-la até os 26 anos.

Quem trabalha em psicoterapia com adolescentes sabe que estes quase não se voltam para seu mundo interno, são pouco reflexivos. E a reflexão, lembremos, é fundamental para a maioria das psicoterapias psicodinâmicas e para a psicanálise. O psicodrama moreniano é um dos melhores instrumentos técnicos para a abordagem do adolescente, visto que trabalha no universo relacional. A análise psicodramática traz o embasamento teórico-prático para a abordagem tanto do universo relacional como do intrapsíquico e do intrapsíquico projetado. Tenho trabalhado com essas duas abordagens.

ADOLESCÊNCIA TÍPICA

Podemos dividir a adolescência típica em dois grandes grupos: as mudanças biológicas e as mudanças psicológicas e sociais.

As biológicas são oriundas da produção dos hormônios sexuais e levam a mudanças corporais e de sensações. São as chamadas características sexuais primárias e secundárias em ambos os sexos.

- As características sexuais primárias tanto femininas como masculinas estão ligadas à produção dos hormônios gonadotróficos da hipófise anterior, que vai produzir o estímulo necessário para a modificação sexual, seguida da secreção do hormônio de crescimento e da produção de óvulos (feminino) e espermatozoides (masculino).
- As características sexuais secundárias são aquelas que definirão as grandes diferenças na aparência corporal e bioquímica nas meninas e nos meninos.

Nas meninas, os hormônios estrógeno e progesterona são os responsáveis pelo surgimento das características sexuais femininas. São elas:

- erotização sexual;
- produção da lubrificação vaginal na presença de estímulo sexual;
- amadurecimento e aumento das mamas;
- amadurecimento do útero e da vagina;
- aparecimento dos pelos pubianos lisos e pigmentados;
- aparecimento dos pelos pubianos encarapinhados e pigmentados;
- modificação da cintura escapulária e pelviana (formato violão);
- aumento da altura;
- primeira menstruação.

Nos meninos, o hormônio testosterona é o responsável pelo surgimento das características sexuais masculinas. São elas:

- erotização e aumento do impulso sexual;
- amadurecimento do pênis e dos testículos;
- aparecimento dos pelos pubianos lisos e pigmentados;
- aparecimento dos pelos pubianos encarapinhados e pigmentados;
- aparecimento dos pelos axilares;
- aparecimentos dos pelos faciais;
- mudança da voz;
- aumento da altura e da força física;
- primeira ejaculação.

As mudanças psicológicas e psicossociais ocorrem em paralelo às mudanças biológicas.

Tais características são encontradas em todas as fases da adolescência. Algumas, no entanto, em especial pela marcada importância, evidenciam-se nas fases inicial e intermediária, mas sempre evoluindo para a fase resolutiva.

A adolescência inicial, além de manifestar-se no corpo, também define as primeiras grandes mudanças psicológicas e comportamentais ligadas ao aparecimento da energia sexual (tesão), da atração e do desejo, além de redefinir a imagem corporal.

Inicialmente, o aparecimento da energia sexual é percebido como uma sensação de estranheza no mundo interno do púbere. Essa sensação, muitas vezes, dá origem a medos inexplicáveis, ligados ao desconhecido e projetados em extraterrestres, espíritos, mortos-vivos, assombrações etc. Quando o tesão é identificado, ele passa a não ser mais de origem desconhecida e os medos tendem a desaparecer.

Nessa fase, a aparência do corpo geralmente é de desproporcionalidade entre troncos e membros. O rosto é muitas vezes coberto de espinhas e ainda mantém a aparência infantil de maçãs arredondadas. Surge a dificuldade de aceitar o próprio corpo. A autoestima fica vulnerável, o corpo muda mais rápido que a aceitação e a elaboração do esquema corporal. Muitas vezes, os jovens ficam à procura de um corpo idealizado e rejeitam o que têm.

Com o desenvolvimento, o corpo evolui naturalmente para um aspecto mais definido e proporcional – na adolescência intermediária e na fase resolutiva – e o jovem passa a aceitá-lo melhor. Na adolescência resolutiva é retomada a autoestima e o corpo ganha a forma proporcional e a aparência de adulto.

Os adolescentes têm grande necessidade de descobrir o mundo por si sós. Vivem num estado de ingenuidade (inocência) que não é patológico, e sim fruto de um idealismo próprio da fase. Procuram relacionamentos fora da família, em especial com grupos de iguais, iniciando um processo de distanciamento e separação lento e progressivo da família, até criarem sua própria forma de vida. Chamam a atenção sobre si mesmos de maneira extravagante, barulhenta e até inadequada. São pouco reflexivos na fase da puberdade, evoluindo para uma postura mais reflexiva na fase resolutiva.

De início, o relacionamento com a geração precedente é tumultuado e conflituoso. Isso melhora com a evolução da fase. Com a enorme fome de "experiências", é grande o desejo de experimentar por si mesmos, sem a interferência de familiares ou tutores. Com isso, os riscos são maiores, tanto pela falta de experiência como pelo alto grau de idealismo.

Intelectualizam, fantasiam e devaneiam muito, pois na adolescência inicial acabam por descobrir que podem utilizar-se plenamente dessas funções cognitivas (construções hipotéticas dedutivas), evoluindo depois para a argumentação, o debate e a finalização. Utilizam as operações cognitivas da mesma forma que os adultos.

Debatem-se em busca de estabelecer os próprios valores e conceitos. Os relacionamentos com as gerações precedentes são instáveis. Têm grande dificuldade de elaborar frustrações, o que acaba por gerar irritabilidade e muitas vezes comportamentos de birra (mais próximos da infância).

Outras características são: imediatismo e postergação de tarefas; flutuação do humor em pequenos intervalos de tempo; pouca autonomia e desejo de obtê-la sem as devidas qualificações; insatisfação, timidez e pouca noção de temporalidade.

Relacionam-se mais com o mundo externo do que com o interno. Confundem fantasia com realidade. Têm como principal comportamento a oposição sistemática.

Nessa fase, há um maior autoerotismo. Com o início das descobertas de prazer no sexo oposto, evoluem para uma sexualidade dirigida a um parceiro.

Têm grande curiosidade pelas experiências do novo e do desconhecido. Recebem uma enorme quantidade de informações e têm pouco preparo psicológico para elaborá-las. Buscam grupos de iguais. Identificam-se com os ídolos. Têm vocabulário próprio, roupas diferentes e uma série de rituais e gírias grupais.

Na busca de valores morais, não sabem ao certo o que é bom ou ruim para si mesmos. Agem por impulso. São contraditórios em suas condutas. Apresentam instabilidade de afetos entre os pares amorosos. Generalizam muito rapidamente. Entendem bem os conceitos abstratos. Têm pouco bom senso e agem com rebeldia, desafios e questionamentos.

Apresentam autoestima oscilante e frágil: às vezes atingem núcleos narcísicos com muita autoestima e, em outras, mostram-se quase depressivos e com pouca autoestima.

Não se sentem mais crianças nem se percebem como adultos. Apresentam os principais binômios emocionais:

- dependência *versus* antidependência;
- controle *versus* descontrole;
- segurança *versus* insegurança;
- limites *versus* falta de limites.

Os papéis sexuais – homossexual, bissexual ou heterossexual – começam a se definir à medida que vão estruturando a identidade sexual.

As características anteriormente citadas vão sendo abrandadas e resolvidas com o término da adolescência (resolução da adolescência) e a entrada na idade adulta.

Podemos considerar que foi atingida a fase de *resolução da adolescência* pela avaliação de critérios como:

- estabelecimento de uma identidade sexual;
- possibilidade de gerar relações afetivas estáveis;
- plena capacidade de execução das funções reprodutivas;
- capacidade de assumir compromissos profissionais e submissão ao trabalho;
- obtenção de independência econômica;
- responsabilidade e consequência por seus atos;
- aquisição de um sistema de valores;
- relação de reciprocidade com a geração precedente;
- independência psicológica e emocional.

Preenchidos esses critérios, podemos concluir que estamos diante de um adulto jovem e não mais de um adolescente contemporâneo.

ADOLESCÊNCIA ATÍPICA

Podemos listar dois tipos de adolescência atípica. O primeiro é considerado uma atipicidade biológica ligada a alterações hormonais; o segundo é uma atipicidade psicológica.

Adolescência atípica biológica

Nesses casos, os caracteres sexuais secundários surgem precocemente, tardiamente, não aparecem ou aparecem de forma anômala.

Puberdade precoce – É a maturação sexual antecipada, quando as glândulas sexuais atingem a maturidade e o aspecto físico da criança assemelha-se ao de um adulto. Nesses casos, as características sexuais primárias e secundárias se instalam nas meninas antes dos 8 anos, com o aparecimento de mamas, pelos axilares, pubianos e menstruação. Nos meninos, antes dos 10 anos já aparecem pelos pubianos, axilares, faciais, há aumento dos testículos e do pênis.

Causas: fatores biológicos geralmente associados a doenças hipofisárias sem causa evidente.

Puberdade tardia – Nesses casos, as características sexuais primárias e secundárias aparecem após os 16 anos.

Causas: o psiquismo e fatores ambientais exercem influência marcante nesses quadros, mas eles também acontecem por causas de origem funcional, como desnutrição, e bioquímicas.

Puberdade contrassexual – Ocorre quando existe aumento da secreção de andrógenos nas meninas, levando a um quadro de virilização, e um aumento da secreção de estrógenos nos meninos, levando a um quadro de feminização.

As causas são multifatoriais: cultura, alimentação, disfunções hormonais, obesidade e tumores, entre outros.

Essas alterações orgânicas da adolescência atípica biológica causam uma série de distúrbios psicológicos e sociais no adolescente.

Adolescência atípica psicológica e patológica

Existe uma fronteira bastante confusa entre uma adolescência normal exacerbada e uma adolescência patológica, visto que a adolescência é uma fase de turbulência psicossocial e de grandes confrontos com a família.

Na psicoterapia de adultos, trabalhamos com o *conceito de identidade que eles já possuem*. Na de adolescentes, trabalhamos com um *conceito de identidade que eles ainda não possuem*. O conceito de identidade está em processo de formação e ainda não se encontra concluído.

O adolescente vai progressivamente formando um contorno desse conceito de identidade e testando-o no mundo externo. É com esse pseudoconceito de identidade que trabalhamos na psicoterapia dos jovens, especialmente no seu universo relacional, pois eles são muito mais interativos que os adultos.

Portanto, o "ser" adolescente é, na verdade, "estar" adolescente, visto que ele ainda não é adulto, mas um dia será; ainda não tem seu conceito de identidade, mas um dia terá.

Nesse trabalho clínico, verifico que a abordagem pelo psicodrama moreniano é mais interessante que a abordagem pela análise psicodramática, pois o adolescente não se volta para seu mundo interno, não consegue ser reflexivo. Tenho utilizado a conceituação teórica da análise psicodramática e trabalhado com as técnicas relacionais do psicodrama moreniano.

O adolescente é mais reativo do que reflexivo, e não se volta para seu mundo interno porque este ainda se encontra caótico, sem as referências estruturadas. Vimos também que a adolescência é uma fase de transformações, inserida entre a infância e a idade adulta, que se instala dentro da família com força explosiva. Isso faz que a adolescência desse jovem contamine todo o ambiente familiar. Dizemos que o jovem adolesce a sua família também.

O conceito de identidade do adulto – pais e tutores – está definido e o do adolescente está em plena formação. Com o advento da adolescência em um membro da família, esta sofrerá, invariavelmente, rápidas e profundas modificações, em abruptos intervalos de tempo, abrangendo toda a sua estrutura. Mudam os padrões anteriores bem definidos e surgem padrões atuais ambivalentes e contraditórios.

O resultado disso, na maior parte das vezes, é um choque de conceitos e valores entre o jovem que ainda não os tem de maneira definida (oposição) e a família que já os tem de forma bastante definida. Isso causa ruptura de diálogo, desencontros e despreparo na procura de soluções para essas situações complicadas e delicadas.

Nesse contexto, instala-se a crise e, com ela, a angústia, tanto do adolescente como de sua família. Essa crise gera, muitas vezes, a necessidade de ajuda psicoterápica.

O jovem adolescente, pouco reflexivo e com pouco bom senso, terá grande dificuldade de perceber que tem um problema e que sozinho, sem ajuda familiar, não conseguirá resolvê-lo. Pais, tutores, professores, médicos e orientadores percebem e sentem essas angústias e indicam processos psicoterápicos para o adolescente – que muitas vezes, por oposição, se recusa a se submeter a eles.

O MAPA DA CRISE

Pais e tutores estão, quase sempre, muito despreparados para lidar com o adolescente. Assim, temos na adolescência o contexto que costumo chamar de *mapa da crise*, que descreverei a seguir.

Tanto o adolescente como sua família se encontram presos em situações psicodinâmicas que envolvem três tipos de angústia, assim definidos na análise psicodramática:

- *Angústia circunstancial* – Angústia de mundo externo acarretada por situações e ameaças proporcionais à realidade do indivíduo.
- *Angústia existencial* – Angústia de mundo externo ligada à necessidade de um projeto de vida, um plano diretor dos objetivos e rumos da própria vida.
- *Angústia patológica* – Angústia de mundo interno de origem intrapsíquica. Está diretamente relacionada aos conflitos de mundo interno e é desproporcional às ameaças da vida cotidiana do indivíduo.

Angústia circunstancial na adolescência

É aquela que surge da relação direta do adolescente com seu mundo externo. São situações nas quais a segurança e a integridade física ou psicológica do jovem são ameaçadas de forma objetiva e proporcional às ameaças do mundo externo.

O adolescente não tem maturidade suficiente para avaliar de maneira correta a quantidade e a intensidade dos riscos objetivos a que está submetido, ao mesmo tempo que reluta em aceitar o aconselhamento e as experiências dos adultos e dos mais velhos.

Como já foi dito, a inexperiência do jovem decorre de um estado de ingenuidade e inocência que não é patológico, mas fruto de um idealismo próprio dessa fase. É uma etapa carregada de idealismos, aspirações e fantasias que o distanciam da realidade objetiva e o tornam vulnerável e exposto a situações de risco. Dessa maneira, o adolescente acaba se envolvendo com seitas, problemas financeiros, relacionamentos amorosos arriscados, drogas e as já famosas "más companhias".

Por exemplo: a jovem que quer mudar do colégio forte, onde estaria recebendo melhor preparo para o vestibular, para um colégio fraco, para desenvolver o círculo social e arrumar amigos; o jovem que quer acampar com seis amigos de 13 anos sem que adultos estejam presentes; a garota de 12 anos que quer ter sua primeira experiência sexual e namora com um rapaz muito mais velho; o garoto de 16 anos que quer fazer parte de uma seita religiosa que restringe diversões e alimentação e utiliza psicotrópicos nos rituais; a garota de 14 anos que quer largar a escola e se casar; o garoto de 17 anos que quer aplicar o dinheiro dos estudos na bolsa de valores para ficar milionário; o menor de idade que rouba o carro dos pais para viajar com a turma sem ter habilitação; os jovens de 12 anos que querem experimentar álcool, tabaco e drogas e se metem em encrencas com a polícia.

Essas são apenas algumas situações que geram angústia circunstancial nos adolescentes e em suas famílias. Os pais geralmente querem aconselhar e acelerar o amadurecimento e o bom senso dos jovens, mas estes não mais os ouvem. Vão em busca suas experiências, apesar dos conselhos e advertências dos adultos. O que as famílias podem efetivamente fazer é manter o diálogo e promover uma rede de sustentação para que não se machuquem além da conta. A tentativa de evitar essas experiências, pela força ou pela punição, acaba por produzir outros transtornos às vezes mais danosos e difíceis de tratar, tais como perda de iniciativa, submissão excessiva, oposição desenfreada etc.

Angústia existencial na adolescência

É aquela ligada à necessidade de ter um projeto de vida ou um plano diretor na condução da própria vida. Até o início da adolescência, o plano diretor e projeto de vida do jovem eram ditados pela família ou seus tutores. Durante a adolescência, o jovem vai gradativamente assumindo o comando de seu projeto de vida e essa mudança muitas vezes é carregada de desavenças e inconformismos.

O projeto de vida estruturado pelos pais para seus filhos existe, às vezes, até antes do nascimento do bebê. É composto de inúmeras variáveis, tais como as expectativas dos pais, a necessidade de um herdeiro, esperanças, mágoas, ressentimentos, fantasias, impotências, desejos, medos etc. que esses pais tenham em relação à própria vida – que acabam sendo, frequentemente, transferidos para o projeto que eles têm para os filhos.

Muitas vezes, as escolhas e diretrizes feitas pelo adolescente são contrárias ao – ou mesmo incompatíveis com – projeto idealizado por seus pais, gerando pressões, polêmicas e inconformismo de ambos os lados.

Em geral, os pais têm um projeto de vida para esse adolescente. O jovem, porém, vai questionar tal projeto, tendo ou não um caminho alternativo. Às vezes, ele acaba se fixando num projeto parecido ou compatível com o dos pais; em outras, caminha para algo bem diferente. O fundamental é que esse jovem, embora influenciado, tenha liberdade de escolha. Caso contrário, pode até fazer uma escolha "forçada".

Em algumas famílias, o filho vira o próprio projeto de vida dos pais. No momento em que isso se evidencia, a angústia familiar é muito grande.

Exemplos:

"Sou herdeiro da minha família e então não preciso me esforçar."

"Meu filho escolheu uma profissão absurda, ele quer ser detetive."

"Quero ser publicitária, mas meu pai quer que eu trabalhe na loja dele."

"Vou ser jogador de futebol, e não trabalhar na fábrica do meu pai."

"Ele quer abandonar a faculdade de Direito para casar e trabalhar. E como fica nosso escritório de advocacia?"

"Sempre sonhamos que ele fosse médico, e agora ele vem com essa de ser cantor."

"Ele quer fazer vestibular e morar fora, em outra cidade. O que será que falta para ele aqui em casa?"

"Ela quer parar a faculdade de Odontologia e fazer Psicologia. Isso não é bom."

Assim, a angústia existencial vai aparecer sempre que o tema envolvido estiver ligado às questões que determinam o projeto de vida e o plano diretor.

Angústia patológica na adolescência

As angústias circunstanciais e existenciais podem ocorrer, dependendo da intensidade, numa adolescência considerada normal. A angústia patológica, originada nos conflitos intrapsíquicos, é sinal de que esse adolescente está psicologicamente doente.

A angústia patológica é sempre desproporcional às ameaças do mundo externo e pode ser o prenúncio de quadros fóbicos, obsessivos, compulsivos, depressivos, de alcoolismo, psicopatia, esquizofrenia, dependência de drogas, obesidade mórbida, anorexia etc.

PSICOTERAPIA COM ADOLESCENTES

Sabemos que todo e qualquer tratamento psicoterápico implica a abordagem dos temas que causam angústia. Do exposto até agora, também sabemos que na adolescência a angústia tanto aparece no adolescente como em sua família ou em seus responsáveis. Assim, dificilmente podemos falar de psicoterapia de adolescentes sem acrescentar o contato ou até o tratamento em conjunto com seus familiares.

Apesar de toda a onipotência e do desejo de autonomia, o adolescente depende material, psicológica e legalmente da família. Portanto, as modificações e sobretudo os acordos propostos necessitam, em algum grau, da anuência familiar, em especial quando tratamos de angústias circunstanciais e existenciais.

A partir de agora, chamarei de família não só os familiares do jovem, mas também seus tutores, parentes ou responsáveis por ele. Entendo ser de grande importância para a psicoterapia de adolescentes o contato do terapeuta com o jovem e também com sua família – não só para que se esclareçam e se dissipem as fantasias naturais que surgem para quem nunca se submeteu ao processo psicoterápico, como também para estipular condutas, regras, pagamentos e até mesmo riscos envolvidos no bom resultado do processo.

Jovens na fase resolutiva da adolescência costumam procurar o terapeuta por iniciativa própria, com anuência familiar, e muitas vezes nem é necessário o contato prévio com a família. Estão aptos a estabelecer contrato e em geral parte deles mesmos o pedido de fazer terapia. Nesses casos, a conduta do terapeuta é semelhante à da psicoterapia de adultos.

Já os adolescentes púberes e de faixa intermediária da adolescência procuram a psicoterapia por insistência da família ou por indicação de instituições, profissionais de saúde ou de educação.

Quase sempre o adolescente vem acompanhado pela família. Num primeiro momento, o terapeuta ainda não sabe se esse jovem veio por vontade própria ou foi induzido pelos parentes. Nesses casos, é fundamental que, antes de qualquer compromisso, o terapeuta faça um estudo de caso e um diagnóstico psicodinâmico do adolescente e da sua relação com a família, para só então propor o tratamento.

Um dos principais critérios nesses primeiros contatos com o adolescente e sua família é a verificação de onde a angústia está manifesta. É muito comum termos uma família angustiada e um adolescente sem nenhuma angústia. Nesses casos, entendemos que as possíveis angústias do adolescente estão sendo descarregadas pelo grupo familiar, e qualquer intervenção psicoterápica deve incluir a família. O processo psicoterápico individual com um adolescente que não apresenta angústia ou cuja angústia está na família excluída do tratamento é perda de tempo e de dinheiro.

O ESTUDO DE CASO FEITO NA TERAPIA DE ADOLESCENTES

O estudo de caso dos adolescentes e de suas famílias é a estruturação de um diagnóstico psicodinâmico dos problemas do jovem, dos problemas familiares e da interação desses dois.

É comum muitos adolescentes serem levados sob pressão para o tratamento psicoterápico, por uma imposição da família que não está conseguindo controlar seu adolescente, ou como um castigo por não se comportar como deveria. Essas são consideradas terapias de encomenda e têm a intenção de enquadrar o adolescente nas condições familiares, o que se encontra fora de nossa proposta.

Como já dissemos, o tratamento de um adolescente sem algum tipo de intervenção na dinâmica familiar é muito improdutivo e quase impossível.

A conduta indicada para o atendimento de adolescentes é a seguinte:

- *Entrevista com os familiares* – Devemos privilegiar o atendimento aos familiares que estão mais angustiados e preocupados com o jovem. Devemos fazer uma ou mais entrevistas, sempre utilizando a técnica de tribuna, até conseguirmos um quadro da dinâmica familiar do jovem. O objetivo dessas entrevistas não é só colher informações, mas também mobilizar a família para o ponto de vista do adolescente. A utilização da técnica de tribuna livre ajuda na colheita de informações e faz que a família se dê conta da sua parte no conflito (rigidez, cobrança, mimos, complacências, incoerências etc.). Sempre que tivermos duas ou mais pessoas na entrevista, devemos utilizar a técnica da tribuna. Ela possibilita o controle da agenda da sessão pelo terapeuta e impede a instalação do "bate-boca", que é totalmente improdutivo.

- *Entrevista com o adolescente* – Devemos escutar e entender as queixas e aspirações do jovem e as divergências que acontecem com sua família e com as instituições em geral (mágoas, indignações, rebeldias, aspirações, fantasias etc.). É bastante interessante, nas primeiras entrevistas, elaborar um átomo familiar ou um átomo da crise (dramatização na qual o jovem assume o papel dos familiares e tutores e é então entrevistado). Isso dá ao adolescente a oportunidade de avaliar melhor o ponto de vista dos adultos.

▶ *Entrevistas com o adolescente e alguns de seus familiares* – Nesses casos, devemos convocar os familiares mais diretamente responsáveis pelo adolescente e promover uma ou mais entrevistas conjuntas, sempre com a técnica de tribuna. O objetivo dessa(s) entrevista(s) é ter uma ideia da psicodinâmica em ação entre a família e o adolescente, ao mesmo tempo que já damos início a um diálogo entre as partes. A técnica da tribuna livre (vide o volume III desta coleção) permite um diálogo sem o famoso "bate--boca" entre as partes.

Findos esses primeiros contatos, o terapeuta já tem um diagnóstico psicodinâmico da relação entre o adolescente e sua família e uma ideia de quais conflitos estão ligados a cada uma das angústias (circunstancial, existencial e patológica). De posse disso, o terapeuta faz a indicação do tratamento e seu contrato de trabalho.

Caso os conflitos principais sejam geradores de angústia circunstancial ou existencial (conflitos relacionais), a terapia deve promover a inclusão dos responsáveis pelo adolescente. Isso significa sessões individuais com o adolescente mescladas com sessões dele com a família. Estas devem sempre utilizar a técnica da tribuna e ter como objetivo encontrar algum tipo de acordo entre as partes, que é o único modo de diminuir a área de conflito entre o adolescente e sua família.

Caso os conflitos principais sejam geradores de angústia patológica (conflitos intrapsíquicos), a terapia deve privilegiar as sessões individuais ou grupais do adolescente e manter algum tipo de contato com os familiares, com entrevistas de orientação e mesmo de tratamento da família com o terapeuta ou com outro profissional, se for o caso.

Os honorários devem ser contratados diretamente com o responsável, ao passo que horários, regras e combinações podem ser tratados com o próprio adolescente, dependendo do grau de autonomia que este apresenta.

Principais técnicas utilizadas na psicoterapia com adolescentes

 ▶ Técnica da tribuna (vide o volume III desta coleção) – Utilizamos a técnica da tribuna livre e também algumas variantes, como a tribuna tematizada (com um tema específico) ou a tribuna dirigida (a um determinado aspecto das relações). Essa técnica pode ser utilizada no atendimento da família, no atendimento do adolescente com a família e também quando atendemos a família em função do adolescente sem a presença deste. Nesse caso, o jovem é representado por uma cadeira vazia na qual cada membro da família toma o papel e o discurso dele. No atendimento do adolescente sozinho, às vezes utilizamos a técnica de tribuna com o jovem assumindo o papel e a fala dos diversos membros da família.

Durante meu trabalho com adolescentes, desenvolvi duas modalidades derivadas da tribuna, que chamei de *tribuna diagnóstica* e *tribuna parental*.

Tribuna diagnóstica – É a própria técnica da tribuna, com o objetivo de evidenciar e avaliar a psicodinâmica do adolescente e de seus familiares ou tutores. É composta pelas pessoas diretamente envolvidas com o jovem, em especial os pais ou os responsáveis. É dirigida e manejada pelo terapeuta visando explorar os principais vínculos do adolescente e seu entorno.

Tribuna parental – É a técnica da tribuna utilizada com os pais, a família ou os responsáveis pelo adolescente, na ausência deste último, no *setting* terapêutico. Muitas vezes, durante a terapia do adolescente, atendemos os pais ou familiares sem a presença dele. Às vezes, o adolescente se recusa a participar da terapia; nesses casos, atendemos os pais ou familiares para trabalhar a dinâmica em relação ao jovem em questão. Na tribuna parental, o adolescente ausente é sempre representado por uma cadeira vazia ou por uma almofada, e os participantes da tribuna devem apontar para ela sempre que se referirem a ele. Muitas vezes, solicitamos aos participantes que tomem o papel do adolescente ausente para que possam avaliar melhor o ponto de vista e os argumentos que este, se estivesse ali, apresentaria.

- Átomo da crise – átomo familiar – São técnicas descritas no Capítulo 5 do livro *Sonhos e psicodrama interno na análise psicodramática*, de Victor R. C. Silva Dias. Utilizamos essas técnicas na terapia individual do adolescente para que este consiga abarcar o ponto de vista familiar e a própria psicodinâmica entre ele e a família. O átomo da crise toma o lugar do átomo social, que é uma técnica do psicodrama moreniano.
- Tomada e inversão de papéis, interpolação de resistências, formação de imagens, concretizações e solilóquios, que são técnicas do psicodrama moreniano.
- Todos os tipos de espelho formulados pela análise psicodramática e descritos no volume III desta coleção.

REFERÊNCIAS BIBLIOGRÁFICAS

BENI, R. M. *Análise psicodramática na terapia de adolescentes*. Trabalho de conclusão de curso para obtenção do título de psicodramatista. São Paulo: Escola Paulista de Psicodrama (EPP), 1996.

BOX, S. *Psicoterapia com famílias: uma abordagem psicanalítica*. São Paulo: Casa do Psicólogo, 1994.

BUSTOS, D. M. *O psicodrama – Aplicações da técnica psicodramática*. São Paulo: Ágora, 2000.

CAMPOS, D. M. S. *Psicologia da adolescência: normalidade e psicopatologia*. Petrópolis: Vozes, 1987.

CORDIOLI, A. V. *Psicoterapias – Abordagens atuais*. Porto Alegre: Artes Médicas, 1998.

CUKIER, R. *Palavras de Jacob Levy Moreno: vocabulário de citações do psicodrama, da psicoterapia de grupo, do sociodrama e da sociometria*. São Paulo: Ágora, 2002.

DIAS, V. R. C. *Psicodrama: teoria e prática*. São Paulo: Ágora, 1987.

_____. *Análise psicodramática e teoria da programação cenestésica*. São Paulo: Ágora, 1994.

_____. *Sonhos e psicodrama interno na análise psicodramática*. São Paulo: Ágora, 1996.

_____. *Sonhos e símbolos na análise psicodramática: glossário de símbolos*. São Paulo: Ágora, 2002.

_____. *Psicopatologia e psicodinâmica na análise psicodramática*. v. I. São Paulo: Ágora, 2006.

DIAS, V. R. C. S.; SILVA, V. A. *Psicopatologia e psicodinâmica na análise psicodramática*. v. II. São Paulo: Ágora, 2008.

DIAS, V. R. C. S. e cols. *Psicopatologia e psicodinâmica na análise psicodramática*. v. III. São Paulo: Ágora, 2010.

FONSECA, J. *Psicoterapia da relação*. São Paulo: Ágora, 2000.

FREUD, S. *Obras completas*. Madri: Editorial Biblioteca Nueva, 1967.

GOMES, I. C. *Clínica psicanalítica de casal e família – A interface com estudos psicossociais.* São Paulo: Santos, 2009.

GRAÑA, R. B. *Técnica psicoterápica na adolescência.* Porto Alegre: Artes Médicas, 1993.

KALINA, E. *Psicoterapia de adolescente: teoria, técnica e casos clínicos.* Porto Alegre: Artes Médicas, 1999.

LEVISKY, D. L. *Adolescência: reflexões psicanalíticas.* São Paulo: Casa do Psicólogo, 1998.

MONTEIRO, R. F. *Jogos dramáticos.* São Paulo: Ágora, 1994.

MORENO, J. L. *Psicodrama.* São Paulo: Cultrix, 1975.

_____. *Psicoterapia de grupo e psicodrama.* Campinas: Psy, 1993.

OCAMPO, M. L. S. *O processo diagnóstico e as técnicas projetivas.* São Paulo: Martins Fontes, 1994.

DORLAND, W. A. N. *Dorland's Illustrated Medical Dictionary Português.* Trad. Nelson Gomes de Oliveira. São Paulo: Manole, 1999.

SILVA, J. L. M. *Estatuto da Criança e do Adolescente: comentários.* São Paulo: Revista dos Tribunais, 1994.

TIBA, I. *Puberdade e adolescência – Desenvolvimento biopsicossocial.* São Paulo: Ágora, 1995.

8. Análise psicodramática – Consolidando uma identidade própria

VIRGÍNIA DE ARAÚJO SILVA

A proposta deste capítulo é diferenciar e consolidar os conceitos desenvolvidos pelo dr. Victor Dias, criador da escola da análise psicodramática e da teoria da programação cenestésica.

Decidi iniciar por um breve e superficial estudo comparativo entre a teoria da análise psicodramática e algumas escolas de psicoterapia. Escolhi como principais a psicanálise freudiana, a terapia reichiana, o psicodrama moreniano e a terapia comportamental cognitiva.

Para nortear este estudo comparativo, estabeleci como critério a delimitação de alguns temas específicos para, com base neles, analisar a abordagem das diferentes escolas. São esses temas:

- os universos psicoterápicos a as angústias envolvidas;
- as teorias de desenvolvimento do psiquismo;
- os mecanismos de defesa do psiquismo.

Os universos psicoterápicos e as angústias

A teoria da análise psicodramática conceitua três tipos de angústia presentes no processo psicoterápico:

Angústia circunstancial – É real e proporcional às ameaças de mundo externo. Está presente durante toda a vida do indivíduo.

Angústia patológica – Resulta de conflitos no mundo interno do indivíduo, independentemente da época em que esses conflitos foram formados. Permanece enquanto os conflitos estiverem presentificados e desaparece quando ocorre a catarse de integração.

Angústia existencial – Refere-se à necessidade da estruturação de um projeto de vida – plano diretor que qualifica e quantifica as atitudes e os comportamentos de um indivíduo durante sua vida, baseado em suas crenças e seus anseios. Sempre que o projeto de vida é ameaçado ou desestruturado, surge a angústia existencial. Quando ele está ativo e operante, esta desaparece.

A psicanálise freudiana não apresenta, em sua extensa teoria, uma clara diferenciação da natureza das angústias. Tende a tratar todas elas como patológicas e oriundas das vivências de mundo interno.

A teoria reichiana, embasada inicialmente na psicanálise de Freud, também não apresenta essa diferenciação de maneira clara.

O psicodrama moreniano tende a tratar todas as angústias como circunstanciais ou existenciais e busca resolvê-las no universo relacional.

A teoria da terapia comportamental cognitiva desconsidera o mundo interno (intrapsíquico) e tende a tratar todas as angústias como circunstanciais. Desenvolve procedimentos para modificar o sintoma, o comportamento e o pensamento.

A teoria que embasa a terapia existencial tende a abordar todas as angústias como se fossem existenciais, fundamentadas em conceitos filosóficos fenomenológicos e existenciais.

Em relação à abrangência da psicoterapia, a análise psicodramática classifica o material trazido pelo cliente em três universos psicoterápicos:

Universo relacional – Abrange o material ligado aos relacionamentos, responsável pelas angústias circunstanciais e existenciais: angústias de mundo externo.

Universo intrapsíquico – Relativo aos conflitos intrapsíquicos. Abrange os conflitos entre os climas afetivos inibidores incorporados, modelos internalizados e os conceitos morais adquiridos em contraposição ao verdadeiro Eu do indivíduo. São as angústias patológicas.

Universo intrapsíquico internalizado e projetado – Relativo às vivências do universo relacional primitivo que foram internalizadas, registradas no psicológico e projetadas em objetos externos. São as *funções delegadas*, que aparecem nos vínculos compensatórios, e as *divisões internas externalizadas*. Fazem parte das *defesas projetivas* e vinculam-se à angústia patológica.

A teoria freudiana compreende o material a ser trabalhado na terapia como oriundo exclusivamente do mundo internalizado projetado, sendo o manejo da transferência seu principal instrumento de trabalho. Por meio desse manejo, direciona a terapia para o intrapsíquico e prioriza os conteúdos do mundo interno e do tempo passado.

A terapia reichiana também prioriza o manejo das dinâmicas de mundo interno, sendo as técnicas corporais seu principal instrumento de trabalho.

A terapia comportamental tende a tratar os conflitos como se fossem todos oriundos do universo relacional.

O psicodrama moreniano costuma focar a terapia no universo relacional, no tempo presente, sendo as dramatizações seu principal recurso terapêutico.

A importância dessa sistematização que a análise psicodramática apresenta não é meramente teórica. Essa correlação entre os universos psicoterápicos e o tipo de angústia localiza o terapeuta quanto aos procedimentos a ser utilizados, uma vez que o manejo psicoterápico é diferente para cada tipo de angústia.

Quando o terapeuta trata, por exemplo, uma angústia patológica como se fosse oriunda do universo relacional, ou quando trata uma angústia circunstancial como se fosse procedente de conflitos de mundo interno (universo intrapsíquico), está seguramente conduzindo a terapia na direção errada. Sabemos que a terapia é do paciente, mas a condução do processo é de responsabilidade exclusiva do terapeuta.

COMPARAÇÃO ENTRE AS TEORIAS DE DESENVOLVIMENTO

A teoria de desenvolvimento da análise psicodramática é denominada *teoria da programação cenestésica*, sendo dividida em dois grandes blocos:

Fase do desenvolvimento cenestésico – É baseada nas sensações viscerais e na incorporação de climas afetivos, facilitadores e inibidores do desenvolvimento psicológico. Abrange a fase intrauterina e vai até os 2 anos e meio de idade.

Fase do desenvolvimento psicológico – É baseada na formação do conceito de identidade e vai dos 2 anos e meio até o final da fase de desenvolvimento da identidade sexual (17 ou 18 anos). Permanece atuante por toda a vida do indivíduo.

Essa divisão gera os conceitos de *psicopatologia estrutural* (fase cenestésica), *psicopatologia psicológica* (fase psicológica) e *mecanismos de defesa* (patologia das defesas).

Na fase do desenvolvimento cenestésico ocorre a transformação do psiquismo caótico e indiferenciado (PCI) em psiquismo organizado e diferenciado (POD). É comparável à programação de um computador e encontra embasamento nos experimentos relacionados ao poder computacional da matéria biológica e nos conceitos da física quântica aplicados à neurociência.

De acordo com a teoria da programação cenestésica, as falhas ocorridas na fase do desenvolvimento cenestésico (patologia estrutural) influenciarão a formação do conceito de identidade (patologia psicológica) e a mobilização dos mecanismos de defesa do psiquismo (patologia das defesas).

A teoria psicanalítica apresenta uma teoria de desenvolvimento bem fundamentada, baseada nas fases oral, anal, genital e fálica. A grande diferença, a meu ver, é que a psicanálise freudiana não diferencia uma fase cenestésica. Em consequência disso, toda a patologia é fundamentada na fase psicológica do desenvolvimento.

É Melanie Klein, no âmbito da psicanálise, quem aborda a fase cenestésica ao conceituar a posição esquizoparanoide e a posição depressiva. Ela não diferencia, no entanto, a fase cenestésica da fase psicológica, como o faz a análise psicodramática.

Esta última, parece-me, encontra certa correspondência na teoria desenvolvida por Reich, embora a leitura da psicopatologia e a terapêutica sejam muito diferentes.

Reich desenvolveu, no decorrer de sua obra, uma teoria de desenvolvimento consistente, subdividida em três fases:

- análise do caráter;
- vegetoterapia;
- orgonomia.

Reich apresenta formulações teóricas baseadas tanto na fase psicológica como na fase cenestésica.

A fase cenestésica, que compreende a vegetoterapia e a orgonomia, com foco nos processos energéticos, é fundamentada de forma bastante aprofundada em sua teoria. Considero que, do ponto de vista teórico, é uma teoria mais profunda que a teoria da programação cenestésica da análise psicodramática por levar em conta os processos energéticos e as defesas de campo (couraças energéticas). O problema teórico, a meu ver, é que apresenta a patologia estrutural divorciada da patologia psicológica.

A impressão que tenho ao estudar a obra de Reich é que ele abandona uma fase para se dedicar à outra. Com isso, não estabelece uma ligação entre a fase psicológica e a fase cenestésica do desenvolvimento (cenestésico). O conceito de energia está presente em toda a teoria e o desbloqueio das couraças para liberar energia vital é o objetivo da terapia.

A teoria de Reich abre caminho para a criação de novas abordagens terapêuticas de linha corporal, algumas centradas na fase da vegetoterapia e outras na fase da orgonomia. Por exemplo, a bioenergética desenvolvida por Pierrakos, centrada na fase da orgonomia; a biossíntese, criada por Boadella com base na vegetoterapia e na orgonomia; ou, ainda, a bioenergética de Lowen, centrada na fase da análise do caráter.

Essas escolas, derivadas da teoria reichiana e focadas em uma fase específica do desenvolvimento psíquico, confirmam a ideia apresentada da não ligação direta entre a patologia estrutural e a patologia psicológica.

O psicodrama moreniano utiliza a *matriz de identidade* como teoria de desenvolvimento que privilegia o universo relacional e não leva em conta o mundo internalizado. É uma teoria interessante em relação ao desenvolvimento psicológico, mas fica restrita aos aspectos relacionais.

A terapia comportamental cognitiva não apresenta uma teoria de desenvolvimento consistente e fica restrita apenas aos conteúdos manifestos.

Mecanismos de defesa do psiquismo

A análise psicodramática sistematiza vários mecanismos de defesa do psiquismo e apresenta uma psicodinâmica das defesas correlacionadas, mas diferenciada da patologia estrutural e da patologia psicológica.

A psicodinâmica das defesas é um dos temas bastante desenvolvidos nessa teoria e abarca defesas específicas correspondentes tanto da patologia estrutural como da psicológica.

Diferencia as defesas relativas às três áreas psicológicas: corpo, mente e ambiente. Elucida a psicodinâmica das defesas a partir da função de evitar o contato com a angústia patológica e estabelece critérios para a leitura clínica das defesas como material manifesto que pode ser observado como sintomas no discurso, no comportamento e nas atitudes. Esclarece, ainda, defesas que se manifestam no intrapsíquico e também no campo relacional.

Nesse tema, a grande contribuição clínica, a meu ver, é que essa teoria diferencia a patologia das defesas das patologias estruturais e psicológicas. Em outras palavras, diferencia, por exemplo, a psicodinâmica de um quadro neurótico da defesa específica para esse quadro, e assim para todos os quadros diagnosticados no âmbito da patologia geral.

É fundamental a diferenciação entre:

a) *Patologia psicológica* – é a que atinge o funcionamento dos modelos e a diferenciação das áreas;

b) *Patologia psicológica* – são as alterações que vão ocorrer no conceito de identidade por interferência da patologia estrutural;

VICTOR R. C. S. DIAS E COLABORADORES

c) *Mecanismos de defesa* – são os sintomas e procedimentos utilizados pelo psiquismo para impedir o contato entre o material, que constitui o conceito de identidade vigente, e o material excluído da 1ª e 2ª zonas de exclusão.

As defesas, principalmente as intrapsíquicas, têm patologias e psicodinâmicas próprias (vide os volumes I e II desta coleção).

Devemos diferenciar o trabalho feito na patologia estrutural e na patologia psicológica do trabalho a ser feito quanto à patologia e à psicodinâmica das defesas.

A psicanálise apresenta extenso estudo sobre os mecanismos de defesa do psiquismo, mas não separa o que é defesa do que é psicodinâmica subjacente à defesa. Por exemplo, ao descrever sintomas histéricos ou obsessivo-compulsivos, aborda tanto a defesa como os aspectos psicodinâmicos.

A teoria reichiana apresenta posição teórica semelhante. Ao descrever a defesa denominada, por exemplo, caráter masoquista ou caráter histérico, engloba as características da defesa e da psicodinâmica.

Moreno, ao não desenvolver uma teoria sobre a psicopatologia, não aborda em sua obra os mecanismos de defesa do psiquismo. Observamos o mesmo na teoria da abordagem comportamental cognitiva. A abordagem do psicodrama moreniano apresenta proposta terapêutica em alguns aspectos semelhante à abordagem comportamental cognitiva, principalmente ao tentar resolver todos os conflitos no universo relacional e no tempo presente. Ressalto que a terapia cognitiva, mesmo com todas as ressalvas, vai além do psicodrama moreniano ao estimular a experimentação no mundo externo para ultrapassar os impedimentos – o medo, por exemplo, no caso das fobias.

O psicodrama moreniano apresenta como ponto forte, no trabalho com grupos, a catarse dos sentimentos, na forma de atos terapêuticos. Não apresenta proposta para o manejo das defesas.

A terapia cognitiva apresenta técnicas eficientes para o manejo das defesas de evitação. Considero esse o ponto forte dessa abordagem. O ponto fraco é não apresentar nem a teoria e nem os procedimentos para a resolução das psicodinâmicas do mundo interno mobilizada pelas técnicas utilizadas. Vemos hoje uma tendência dos terapeutas dessa abordagem de propor psicoterapia psicodinâmica para trabalhar o material mobilizado pelas técnicas comportamentais.

É uma proposta apresentada principalmente para o trabalho com as disfunções sexuais. Os terapeutas observaram que as técnicas da terapia sexual breve, propostas para o casal, mobilizavam em algum ponto do processo resistências que minavam a continuidade dos exercícios e, portanto, o processo da psicoterapia.

Kaplan, então, propõe um tratamento híbrido que chamou de terapia psicossexual. Nele, o terapeuta prescreve exercícios comportamentais e a seguir aborda as resistências à prática dos exercícios com psicoterapia psicodinâmica.

Por outro lado, a experiência clínica demonstra que focar o trabalho terapêutico somente no universo intrapsíquico não resolve todos os impasses. Algumas situações de conflito precisam de experimentação no mundo externo para iluminar determinadas dinâmicas – que muitas vezes não são mobilizadas nem por intermédio dos sonhos. A intervenção no ambiente externo é o que possibilita abrir o portal das dinâmicas de mundo interno que estavam apagadas pela ação das defesas de evitação deliberadas e/ou conscientes/intuitivas.

A análise psicodramática apresenta proposta bastante clara para o manejo das defesas de evitação: estimular o cliente, usando técnicas comportamentais, a provocar a situação temida para a mobilização das dinâmicas de mundo interno a ser trabalhadas na psicoterapia.

Encerro essas observações ressaltando a proposta de uma análise geral. Ressalto também, e principalmente, que estou falando de teorias e não de como os terapeutas aplicam seu referencial teórico na prática clínica.

A análise psicodramática apresenta essa sistematização para todos os quadros clínicos no âmbito da psicopatologia. Esse desdobramento entre a patologia psicológica e a patologia da defesa facilita e auxilia o trabalho clínico.

PRINCIPAIS CONCEITOS DA ANÁLISE PSICODRAMÁTICA

Desde 1987 a análise psicodramática vem se consolidando como uma escola de psicoterapia ao mesmo tempo profunda e descomplicada. No decorrer desses anos, vem também consolidando identidade própria na formulação de uma teoria de desenvolvimento (*teoria da programação cenestésica*), de uma teoria de psicopatologia (*patologia estrutural* e *patologia psicológica*), na formulação do *conceito de identidade*, de alguns mecanismos de defesa e de uma série de técnicas de abordagem psicoterápica.

Algumas dessas formulações teóricas sofreram influência de teorias anteriores e outras surgiram como formulações próprias baseadas na observação clínica dos fenômenos psicológicos.

Conceitos relacionados ao desenvolvimento psicológico

- Diferenciação entre a fase cenestésica e a fase psicológica do desenvolvimento.
- Conceito da programação cenestésica e da transformação do PCI (psiquismo caótico e indiferenciado) em POD (psiquismo organizado e diferenciado).

- Conceito de incorporação e de fixação de climas inibidores e de climas facilitadores durante a fase da programação cenestésica.
- Conceito de zonas de exclusão. Conceito de 1ª zona de exclusão ligada à fase cenestésica e de 2ª zona de exclusão ligada à fase psicológica.
- Conceito de processo de busca e vinculação entre o surgimento da angústia patológica e a permanência de zonas de PCI convivendo com o POD.
- Conceito de figura internalizada em bloco (FIB) e sua relação com os quadros de *borderline*.
- Formulação sobre a estrutura e a importância do conceito de identidade como "chão psicológico" do indivíduo.
- Conceito sobre o material justificado fazendo parte do conceito de identidade.

Conceitos relacionados à psicopatologia

- Conceito sobre psicopatologia estrutural e psicopatologia psicológica e a correlação entre elas.
- Formulação da psicopatologia do narcisismo ligada à formação da área ambiente e do divórcio entre a autopercepção e a percepção externa.
- Formulação da psicopatologia do esquizoide ligada à incorporação de climas afetivos inibidores durante a fase cenestésica intrauterina e a sensação de não pertencer instalada na vida.
- Formulação do conceito de identidade conflitante (*borderline*) e do conceito de identidade ambivalente (esquizofrenia).
- Conceito de divisão interna corporificada na psicodinâmica da compulsão.

- Conceito de divisão interna compactuada. Resultante da dinâmica assassino/vítima, na psicodinâmica dos suicídios.
- Conceito de parceiro possível e de parceiro evitado em relação à mobilização da angústia patológica nas patologias sexuais.
- Criação e estruturação do diagnóstico estrutural dos casamentos. Formulação do conceito de vínculo conjugal, formado pelo vínculo amoroso, pelo vínculo de dependência e pelo vínculo de conveniência.
- Criação e estruturação do método de decodificação dos sonhos baseado na interface entre o terapeuta e a zona de exclusão do sonhador para abordar o material latente; e na pesquisa do Eu consciente para abordar o material manifesto.
- Formulação da origem da formação dos símbolos baseados no conceito de memórias associativas e equivalentes às memórias barricadas.
- Formulação dos mecanismos de defesa no âmbito dos sonhos.
- Formulação dos mecanismos reparatórios, nos sonhos, embasados no conceito de neurônios espelho.
- Estabelecimento do marcador de época como um dos elementos do sonho.
- Classificação das depressões não orgânicas em depressão neurótica e depressão de constatação.
- Criação de critérios de medicação, nas psicoterapias, baseados na psicodinâmica dos quadros. Criação do conceito de efeito plataforma dos antidepressivos.
- Criação do termo e do conceito de psiquiatra terapeuta e do processo de ancoramento da angústia patológica.
- Formulação de que a quebra brusca do conceito de identidade é a etiologia básica da síndrome do pânico.

Conceitos relacionados aos mecanismos de defesa do psiquismo

- Conceito de mecanismo de defesa de acordo com o qual é considerado defesa todo e qualquer mecanismo montado pelo psiquismo para evitar o contato consciente com o material excluído, seja ele de 1ª ou de 2ª zona de exclusão.
- Criação do conceito de distúrbio funcional como forma de descarga da angústia patológica. É um mecanismo saudável, porém inadequado.
- Classificação das defesas intrapsíquicas em neuróticas (evitam contato com material das zonas de exclusão), esquizoides (evitam contato entre o Eu observador e o Eu operativo) e esquizofrênicas (evitam o contato com o próprio Eu ambivalente).
- Conceituação e classificação das defesas de somatização. Subdivisão destas em fator causal e fator desencadeante.
- Formulação do conceito de vínculo compensatório (vínculo de dependência), atrelado ao conceito de função delegada (responsabilidade de uma ou mais funções psicológicas que o indivíduo delega a outras pessoas, a bichos ou a coisas).
- Vinculação da relação da angústia patológica com os mecanismos de defesa utilizados, resultando nos seguintes conceitos:

  - Distúrbios funcionais – a angústia patológica é descarregada.
  - Defesas de evitação (conscientes) – a angústia patológica é evitada.
  - Defesas intrapsíquicas – a angústia patológica é retida no psiquismo.
  - Defesas projetivas – a angústia patológica fica na relação interpessoal.

Victor R. C. S. Dias e Colaboradores

- Defesas dissociativas – a angústia patológica é flutuante.
- Defesas de somatização – a angústia patológica é transformada em sintoma físico: dor, prurido, queimação, ardência, cólicas etc.

Conceitos relativos às técnicas psicoterápicas

- Criação, com base na técnica de espelho moreniana, de oito tipos de espelho na análise psicodramática.
- Sistematização e classificação do uso das cenas de descarga.
- Sistematização da técnica da tribuna livre e da tribuna tematizada na psicoterapia de casais e de famílias.

REFERÊNCIAS BIBLIOGRÁFICAS

Boadella, D. *Correntes da vida*. São Paulo: Summus, 1992.

Dias, V. R. C. S. *Psicopatologia e psicodinâmica na análise psicodramática*. v. I. São Paulo: Ágora, 2006.

Dias, V. R. C. S.; Silva, V. A. *Psicopatologia e psicodinâmica na análise psicodramática*. v. II. São Paulo: Ágora, 2008.

Dias, V. R. C. S. e cols. *Psicopatologia e psicodinâmica na análise psicodramática*. v. III. São Paulo: Ágora, 2010.

Freud, S. *Obras completas*. Rio de Janeiro: Imago, 1970.

Gabbard, G. O. *Psiquiatria e psicodinâmica*. Porto Alegre: Artmed, 1998.

Klein, M. *Amor, ódio e reparação*. Rio de Janeiro: Imago, 1975.

Lowen, A. *O corpo em terapia*. São Paulo: Summus, 1977.

_____. *Bioenergética*. São Paulo: Summus, 1982.

Moreno, J. L. *Psicodrama*. São Paulo: Cultrix, 1975.

Reich, W. *Análise do caráter*. São Paulo: Martins Fontes, 1972.

_____. *A função do orgasmo*. São Paulo: Brasiliense, 1975.

9. Os conceitos da análise psicodramática e a neurociência

Victor R. C. S. Dias

Embora a criação e o desenvolvimento da *teoria da programação cenestésica* e da *análise psicodramática* não tenham sido embasados na neurociência e na física quântica, uma leitura posterior permitiu uma série de esclarecimentos e complementações de conceitos, que pretendo mostrar neste capítulo.

Com o desenvolvimento cada vez mais acentuado na esfera da criação da inteligência artificial, tanto a neurociência como a física quântica se encontram numa encruzilhada entre o modelo físico (atualmente os circuitos de silício) e o modelo biológico (neurônios artificiais e circuitos canônicos).

O grande anseio é a criação de um computador que se autoprograme e possa aprender com a própria experiência.

Atualmente, os computadores à base de circuitos eletrônicos de silício necessitam de um programa que seja instalado de fora para que eles possam, por meio desse programa, utilizar todo seu potencial computacional.

Paralelamente a isso, existe uma linha enorme de pesquisas com o objetivo de criar computadores baseados nos modelos biológicos, com capacidade de autoprogramação e de aprender com a própria experiência.

Até hoje, o maior e mais potente computador biológico existente é o cérebro humano, que se autoprograma e aprende com as próprias experiências. Em termos numéricos, se nosso quarto cérebro – ou córtex cerebral (neocórtex) – for desdobrado de suas ranhuras e esticado como uma pele de animal, ele resulta em uma chapa de mais ou menos 45 centímetros de largura por 60 centímetros de comprimento e 7 milímetros de espessura.

Essa espessura (7 milímetros) é formada por seis camadas contendo mais ou menos 25 neurônios cada uma. O total estimado do neocórtex é de 20 bilhões de neurônios e o total do cérebro todo é de 100 bilhões de neurônios, que conseguem formar um conjunto de 20 trilhões de conexões.

Entre essas células nervosas (neurônios), vamos encontrar neurônios sensitivos, neurônios pré-motores e neurônios motores, que respectivamente recebem estímulos, preparam respostas e ativam comportamentos. Com exceção dos sensitivos, os outros neurônios exercem uma função computacional sendo, portanto, denominados neurônios computacionais.

Entendemos como computacional a capacidade de reunir e processar operações lógicas elementares. Portanto, o poder computacional da matéria ou célula biológica é a capacidade de reunir e processar ações e reações a partir de determinados estímulos (energia), que podem ser descritos como operações lógicas elementares.

Nessa conceituação, cada neurônio é, em si, um pequeno computador. Dessa maneira, podemos encarar o cérebro humano como um enorme computador formado por 20 bilhões de computadores interligados por 20 trilhões de conexões.

Mas o poder computacional da matéria biológica não para por aí. A observação do comportamento de organismos unicelulares como o *paramecium* indica a existência de uma atividade computacional, embora não se trate de uma célula nervosa. A observação mais acurada levou os cientistas a analisar o esqueleto celular, tendo eles concluído que os microtúbulos que formam essa estrutura têm poder computacional. Portanto, o esqueleto celular não é apenas uma estrutura de sustentação plasmática, mas o próprio centro computacional da célula.

Esses microtúbulos são constituídos de moléculas proteicas de tubulina, que formam as paredes dos tubos. A tubulina se apresenta como dois dímeros, alfa e beta, cuja diferença é dada pela posição de um átomo de hidrogênio levógino ou destrógino (à direita ou à esquerda da molécula). A mudança brusca desse átomo de hidrogênio de uma posição para outra é feita de forma imediata por tunelamento eletrônico e produz um potencial elétrico de +1 ou -1. Essa diferença de potencial é propagada pela parede do tubo como uma onda e acaba por criar um código binário de +1 e -1 – que nada mais é que uma mensagem computacional.

Dessa maneira, podemos entender que o poder computacional da matéria, pelo que sabemos até agora, já está instalado em um conjunto de moléculas de tubulina formadoras da parede dos microtúbulos celulares. Estes já apresentam condições de reunir e processar operações elementares dentro da célula.

Sabemos que os fenômenos e os fatos que ocorrem no universo são regidos pelas leis deterministas da física clássica

(Newton e Eistein). No universo subatômico, no entanto, na física das partículas e no domínio da física quântica, as leis que regem os fenômenos e os fatos são aleatórias e probabilísticas. As mutações cromossômicas, que formam a base da teoria da evolução, acontecem no âmbito molecular e, portanto, se dão de forma aleatória e probabilística. Essas mutações, modificações cromossômicas, acontecem quando existe algum abalo no sistema celular, sendo o mais comum deles a entrada de algum tipo de energia no sistema.

Podemos, assim, sem seguir uma teoria criacionista, deduzir que, partindo do poder computacional da matéria biológica no âmbito das células, por um período de milhares de anos de evolução e de mutações cromossômicas, chegamos ao estágio atual desse fabuloso computador biológico que é o cérebro humano.

A *teoria da programação cenestésica* da análise psicodramática, dentre as teorias de desenvolvimento psicológico, é a única que faz uma divisão extremamente clara entre o desenvolvimento cenestésico (da fase intrauterina até 2 anos e meio de idade) e o desenvolvimento psicológico (que vai dos 2 anos e meio até o final da adolescência e se prolonga por toda a vida).

Como eu já disse, quando criei a teoria da programação cenestésica, não me embasei nos estudos sobre inteligência artificial nem na mecânica quântica. Mais tarde, entretanto, percebi uma série de complementações teóricas, que descrevo aqui (vide a parte de desenvolvimento psicológico no primeiro capítulo do volume I desta coleção).

Podemos entender a programação cenestésica como a autoprogramação do enorme computador biológico que é o cérebro humano. Ela é, ao mesmo tempo, aleatória na forma e determinista nos resultados.

Como já visto, a programação cenestésica é a transformação do psiquismo caótico e indiferenciado (PCI) em psiquismo organizado e diferenciado (POD). Essa transformação organiza a estrutura psicológica em três modelos (ingeridor, defecador e urinador) e produz três áreas de registro de memórias (mente, corpo e ambiente), abarcando os mecanismos de explicação, percepção e sentimentos.

O cérebro humano é formado na fase intrauterina, seguindo um protocolo biológico transmitido pelo código genético impresso nas moléculas de DNA, que está nos cromossomos advindos dos gametas masculino (espermatozoide) e feminino (óvulo). Unidos, eles formarão o ovo embrionário. Esse código genético contém informações que passaram por milhares de anos de evolução, e o cérebro atual é o resultado de todo o conjunto das mutações aleatórias e probabilísticas que deram certo. Com base nisso, podemos dizer, numa visão macroscópica, que esse cérebro está sendo formado de maneira determinista. Ele tem enorme poder computacional, mas não possui ainda uma programação adequada que organize todas as vivências que estão sendo registradas. Tais vivências e seus respectivos registros formam a base da própria programação desse computador.

Em outras palavras, à medida que o cérebro está sendo formado ele já está sendo programado. É o equivalente a um computador que vai sendo programado ao longo da própria montagem.

As vivências registradas na fase intrauterina, que vão formar a programação, resultam da interação entre as sensações do corpo somático e principalmente originadas das vísceras (cenestésicas) e das sensações provocadas pela interação com o mundo externo (útero, placenta e líquido amniótico). Sabemos, pelo estudo da psicopatologia (hoje confirmado pelos experimentos da neurociência), que os humores e sentimentos da mãe em relação ao feto têm uma influência bastante relevante nos registros psíquicos deste.

Na fase cenestésica intrauterina, as sensações básicas são as de acolhimento ou não acolhimento da mãe em relação ao feto (vide patologia do esquizoide nos volumes I e II desta coleção).

As sensações desse corpo e desse cérebro em formação, numa gravidez normal, podem ser consideradas constantes, iguais e determinadas. A vivência interativa e iterativa com a mãe, no entanto, é aleatória e probabilística. Podemos concluir que essa programação é ao mesmo tempo igual para todos e totalmente individualizada para cada feto.

Após o nascimento, a fase cenestésica do desenvolvimento, que vai até 2 anos e meio, continua ocorrendo por meio de registro de vivências. Estas resultam de uma série de sensações corporais e principalmente viscerais que acontecem de forma previsível e determinista (salvo doenças e anomalias associadas), com climas afetivos emanados pela mãe, pelo pai, pela família e pelos ambientes frequentados (matriz de identidade) pela criança. Esses climas afetivos são incorporados por ela e podem facilitar (aceitação, proteção e continência) ou inibir (abandono, indiferença, hostilidade, ansiedade, medo, punição, contenção, opressão etc.) o desenvolvimento psicológico. Todos eles, no entanto, são aleatórios, probabilísticos e totalmente individualizados.

A programação cenestésica desse computador biológico que é o cérebro humano começa desde a formação deste e acompanha seu desenvolvimento até os 2 anos e meio. Ocorre por meio de vivências resultantes da interação entre sensações produzidas na parte somática (corporal) e os climas afetivos originados no mundo externo (mãe e matriz de identidade). Essa programação é ao mesmo tempo determinista – já que o desenvolvimento psicológico vai acontecer de qualquer maneira, pois está previsto no código genético da espécie, bem como as sensações corporais e viscerais são características da espécie – e probabilística e aleatória, pois os climas afetivos (facilitadores ou inibidores) e a forma de incorporação são únicos para cada indivíduo. Esse processo de programação biológica é interativo e iterativo.

Outro conceito que desenvolvi na análise psicodramática e posteriormente foi complementado pelos estudos derivados da neurociência diz respeito à formação dos símbolos utilizados nos sonhos.

No método da análise psicodramática de decodificação dos sonhos, fugimos do conceito junguiano de arquétipos. Entendemos que os símbolos são formados pelo próprio psiquismo para traduzir mensagens do material excluído e depositado nas zonas de exclusão.

Esse material excluído estaria registrado na forma de sensações, e o símbolo é uma maneira de o psiquismo traduzir essas sensações em uma mensagem que alcance a esfera intelectual do sonhador. Assim, o símbolo seria criado pelo próprio psiquismo, utilizando imagens que podem ser consensuais, de fatos recentes, dos arquivos cerebrais ou mesmo criadas.

Os estudos mais recentes da neurociência sobre o armazenamento da memória oferecem uma explicação bastante plausível para nossas inferências. Tais estudos revelam um dos campos mais complexos e pouco entendidos no tocante ao armazenamento da memória no cérebro humano.

Com essas informações mais recentes, entendemos que a memória não tem um local específico de armazenamento, isto é, não tem um endereço fixo no qual pode ser localizada. Ela é armazenada em camadas energéticas sobrepostas, de tal maneira que um fragmento de lembrança de determinada faixa energética pode desencadear, por associação, uma série de outras lembranças armazenadas, inclusive em outras faixas energéticas sobrepostas.

Numa correlação grosseira, seria como uma fita cassete em que se grava determinada música. Se gravarmos uma nova música sobre a gravação anterior, esta é apagada e fica somente o novo registro. No cérebro humano, o processo é similar, só que as novas gravações não apagam as anteriores. Os registros de memória são gravados em camadas energéticas sobrepostas, cada uma com seu potencial próprio de energia, e as lembranças ocorrem por mecanismo de associação, abrangendo várias memórias gravadas em várias camadas sobrepostas.

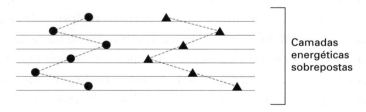

Cadeias de memórias associativas

Em outras palavras, ao termos determinada lembrança, começamos a ativar uma série de outras lembranças que se encontram associadas às primeiras, possivelmente registradas em camadas sobrepostas. Essa configuração lembra bastante o conceito freudiano de determinantes psíquicos e a própria técnica das associações livres idealizada por ele.

Dessa maneira, podemos inferir que o resgate das vivências guardadas na memória é feito de maneira *associativa*.

Outro conceito importante da neurociência é o das *memórias bloqueadas* ou *memórias barricadas*. Essas lembranças bloqueadas ou mesmo proibidas estão localizadas em nichos energéticos e bloqueadas por cadeias de proteínas que formam uma barreira, impedindo o livre acesso a elas. Não temos informação de como, especificamente, esse bloqueio é realizado, tampouco conhecemos suas causas orgânicas. Podemos supor, entretanto, pela psicodinâmica da análise psicodramática, que esses bloqueios estariam ligados ao material (vivências e lembranças) depositado nas zonas de exclusão (1ª e 2ª).

O material da 1ª zona de exclusão é constituído de sensações e de sensações cenestésicas e fica excluído da identidade do indivíduo. O material de 2ª zona é material psicológico, que em algum momento já foi identificado mas ficou excluído do conceito de identidade do indivíduo.

Como já vimos, os sonhos codificados são uma forma de o psiquismo trazer para a consciência do indivíduo o material depositado na zona de exclusão. Já vimos, também, que o material excluído não pode ser assimilado diretamente pelo Eu consciente do sonhador, pois ele se choca com o conceito de identidade e com a própria identidade do indivíduo (vide a obra *Sonhos e símbolos na análise psicodramática*, de minha autoria).

O psiquismo de sonhador se encontra em um grande impasse: precisa trazer o material excluído para a esfera do Eu consciente para completar o desenvolvimento psicológico (autocura pelo sonho) e, ao mesmo tempo, deve manter esse material encoberto da consciência do Eu, para não desorganizar o conceito de identidade vigente ou a própria identidade (mecanismo de defesa).

A solução encontrada é enviar esse material na forma de símbolos (codificado) para informar sem esclarecer, comunicar sem explicitar, o conteúdo da mensagem.

Isso se torna possível porque muitas cadeias associativas de memória apresentam memórias que podem ser compartilhadas por uma ou mais cadeias associativas. Essas *memórias compartilhadas* aparecem nos sonhos representando vários tipos de conteúdo. No caso de determinado tipo de conteúdo (memória ou lembrança) mais conflitado, o psiquismo pode utilizar para o sonho uma memória compartilhada que não se encontre conflitada. Chamamos isso de *memória equivalente*.

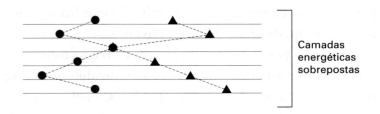

Memória compartilhada entre duas cadeias associativas

Quando o material excluído está muito conflitado, ele se encontra imobilizado e inacessível (memórias barricadas). Nesses casos, o psiquismo lança mão de símbolos que funcionam como memórias equivalentes.

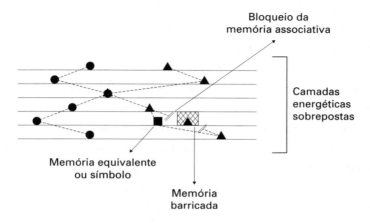

① Memória barricada impede a continuação da cadeia associativa
② Memória equivalente ou símbolo permite a continuidade da cadeia associativa

A formação dos símbolos obedece ao princípio da associação e da equivalência das memórias barricadas.

Os sonhos de reparação são aqueles em que o sonhador repara o material excluído mediante o próprio sonho ou dentro deste.

No método da decodificação dos sonhos da análise psicodramática, em que se trabalha no âmbito da própria zona de exclusão, os sonhos de reparação vão ficando cada vez mais frequentes à medida que o trabalho de decodificação avança.

Embora sabendo, pela experiência clínica, que as reparações contidas nos sonhos acabam produzindo, depois de certo tempo, modificações no comportamento do sonhador, não tínhamos uma explicação neurológica para como isso ocorria.

A descoberta, na década de 1990, dos *neurônios espelho* fornece uma explicação, pela neurociência, bastante aceitável para esse fenômeno.

Lembremos que *os neurônios espelho são capazes de registrar ações observadas ou vivenciadas de forma virtual como se fossem vividas na realidade.*

A hipótese considerada com base nisso é que ações observadas ou imaginadas acionam neurônios sensitivos (*neurônios espelho*) e estes por sua vez acionam *neurônios pré-motores* (preparadores da ação). A sequência neurológica normal seria: os neurônios pré-motores acionariam os *neurônios motores* e estes desencadeariam a ação. A conclusão a que podemos chegar é que o acionamento dos neurônios sensitivos e dos pré-motores perante uma ação observada ou imaginada pode ficar registrado, pela ação dos neurônios espelho, como uma ação vivencial.

Quando avaliamos as vivências que ocorrem nos sonhos ou sob influência da hipnose, constatamos que o Eu consciente sabe muito pouco a respeito da realidade objetiva ou não dessas vivências. Durante o sonho, ou durante a vivência hipnótica, o estado de consciência é tão pequeno que às vezes o indivíduo, mesmo depois de acordado, fica em dúvida da ocorrência ou não da vivência em termos reais e objetivos. Acreditamos que, nessas situações, o poder reparatório dessas vivências virtuais é muito grande.

Na medida em que o Eu consciente está bastante afastado na vivência do sonho, acreditamos que as vivências, nos neurônios espelho e nos neurônios pré-motores por eles acionados, ficam registradas como se de fato tivessem ocorrido.

Levando em conta esses argumentos, podemos dizer que *as vivências reparatórias do sonho acionam os neurônios espelho e os neurônios pré-motores, produzindo, assim, uma sensação de que essas vivências realmente ocorreram. Elas terão maior ou menor poder reparatório em função da intensidade de envolvimento do Eu consciente do sonhador. Quanto menos interferência do Eu consciente do sonhador, maior será o poder de reparação da vivência sonhada.*

Assim, os avanços cada vez maiores da neurociência têm confirmado e explicado uma série de observações clínicas, já consolidadas, tanto da psiquiatria como da psicologia.

REFERÊNCIAS BIBLIOGRÁFICAS

FLEURY, H. J. et al. *Psicodrama e neurociência*. São Paulo: Ágora, 2008.

NICOLELIS, M. *Muito além do nosso eu*. São Paulo: Companhia das Letras, 2011.

SATINOVER, J. *O cérebro quântico*. São Paulo: Aleph, 2007.

Os autores

VICTOR ROBERTO CIACCO DA SILVA DIAS formou-se em Medicina pela Faculdade de Medicina da Universidade de São Paulo (FMUSP) e em Psicodrama pela Associação Brasileira de Psicodrama e Sociodrama (ABPS), em São Paulo. Fundou e coordena a Escola Paulista de Psicodrama (EPP). É o criador da Análise Psicodramática e da Teoria da Programação Cenestésica. Tem atualmente oito livros publicados pela editora Ágora: *Psicodrama – Teoria e prática*; *Análise psicodramática e teoria da programação cenestésica*; *Sonhos e psicodrama interno na análise psicodramática*; *Vínculo conjugal na análise psicodramática – Diagnóstico estrutural dos casamentos*; *Sonhos e símbolos na análise psicodramática – Glossário de símbolos*; *Psicopatologia e psicodinâmica na análise psicodramática* (volumes I, II e III). Exerce função didática e de coordenação na Escola Paulista de Psicodrama (EPP) e trabalha em consultório como terapeuta.

VIRGÍNIA DE ARAUJO SILVA é formada em Psicologia pela Universidade Estadual de Londrina e em Psicodrama pelo Instituto Sedes Sapientiae de São Paulo. Tem especialização em Análise Psicodramática pela Escola Paulista de Psicodrama (EPP). É supervisora didata pela Federação Brasileira de Psicodrama (Febrap) e coautora dos livros *Psicopatologia e psicodinâmica na análise psicodramática* (v. II e III), editados pela Ágora. Exerce função didática na Escola Paulista de Psicodrama (EPP) e trabalha como psicoterapeuta em consultório.

MAI FERREIRA MAGACHO é formada em Psicologia pela Pontifícia Universidade Católica de Campinas (PUC-Campinas) e em Psicodrama pelo Instituto Sedes Sapientiae de São Paulo. Tem especialização em Análise Psicodramática pela Escola Paulista de Psicodrama (EPP). É professora da cadeira de Psicoterapia de Casal e Família na EPP e coautora do livro *Psicopatologia e psicodinâmica na análise psicodramática* (v. III). Exerce função didática e trabalha como terapeuta em consultório.

FLAVIA JARDIM RODRIGUES é formada em Psicologia pela Universidade São Marcos e especialista em Análise Psicodramática pela Escola Paulista de Psicodrama (EPP). Psicodramatista didata pela Federação Brasileira de Psicodrama (Febrap), exerce função didática na EPP e trabalha como psicoterapeuta em consultório.

REGINA MAURA BENI é formada em Psicologia pelas Faculdades Metropolitanas Unidas de São Paulo (FMU) e em Psicodrama pela Escola Paulista de Psicodrama (EPP), além de especialista em Análise Psicodramática pela mesma instituição. Psicodramatista didata pela Federação Brasileira de Psicodrama (Febrap), é docente da cadeira de Psicoterapia com Adolescentes na EPP, exerce atividade didática e trabalha como psicoterapeuta em consultório.

Waldemar Mendes de Oliveira Júnior é médico graduado pela Faculdade de Medicina da Universidade de São Paulo (FMUSP) e especialista e mestre em Psiquiatria pela mesma instituição. É formado em Psicodrama pelo Instituto Sedes Sapientiae e a segunda pela Escola Paulista de Psicodrama (EPP). Atualmente, exerce atividades de ensino, pesquisa e assistência a pacientes com transtornos da sexualidade no Serviço de Psicoterapia do Hospital das Clínicas da Faculdade de Medicina da USP e faz parte do corpo docente da EPP, além de atuar como psicoterapeuta em clínica privada.

www.gruposummus.com.br

IMPRESSO NA GRÁFICA sumago
sumago gráfica editorial ltda
rua itauna, 789 vila maría
02111-031 são paulo sp
tel e fax 11 **2955 5636**
sumago@sumago.com.br